여자라면 심리학부터

여자라면
심리학부터

여자에겐
남자, 외모, 돈보다
심리학이 먼저다

장루징 지음 ㅣ 송은진 옮김

Women's Psychology

센시오

우아하고 똑똑한 여자는
'심리학'으로 삶을 경영한다

여자의 인생은 처음부터 끝까지 심리전의 연속이다. 관계가 시작되는 첫 만남에서부터 심리전이 시작된다. 물론 타고난 사교가인 여자들은 다양한 관계가 얽히고설킨 사회에서 분명 유리하다. 그런데 적극적으로 경쟁에 뛰어들고 사교에 참여하면서 원하는 것을 얻는 여자가 있는 반면, 사회생활과 인간관계에서 늘 주눅들어 있는 여자도 많다. 그녀들은 매일 만나는 동료, 부하 직원, 상사와 어울리기 버거워하며, 심지어 친구나 가족 관계에서도 휘둘리거나 곤경에 처하곤 한다.

왜 그녀들은 사는 게 이렇게 힘들까?

그녀들이 이렇게 힘들어하는 이유는 문제를 심리적 관점에서 바라보고 분석할 줄 모르기 때문이다. 어떤 사람을 만나든 심리학을 바탕으로 관계를 발전시킬 수 있다면, 처세는 그렇게 어려운 일이 아니다. 심리학이라는 무기만 갖춘다면 삶의 목적도 훨씬 쉽게 달성할 수 있다.

여자의 인생에서 우선순위가 무엇인지, 삶의 이유가 무엇인지 생각해보자. 멋진 남자의 기준은 사람마다 다르다. 한껏 돈을 들여 예뻐질 수도 있고, 악착같이 돈을 모을 수도 있을 것이다. 하지만 심리학에서 뒤처진다면 한순간에 모든 것을 잃게 될 수도 있다. 결국, 남자, 외모, 돈보다 여자에게 더 필요한 것은 심리학이다.

《삼국지》에 "마음을 공략하는 것은 상책이요, 성을 직접 공격하는 것은 하책이다"라는 말이 나온다. 이 말은 오늘날 사회생활을 하는 데도 그대로 적용된다. 심리학을 모르면 아무리 청산유수로 말하고 정성을 쏟아 공을 들여도 힘만 쓰고 큰 효과는 보지 못하게 된다. 반면 심리학을 이해하고 여기에 약간의 노력을 더하면 상대방의 내면을 헤아릴 수 있고, 사교의 주도권을 잡음으로써 삶의 목적을 순조롭게 달성할 수 있다.

때로는 원하는 것을 얻고 주어진 상황에서 승리하기 위해 전략적으로 양보해야 할 때도 있고, 목적을 달성하기 위해 알아도 모르는 척하거나 묵묵히 자신의 일에 매진해야 할 때도 있다. 이 모든 과정에서 심리학은 그 바탕이 되어준다. 때문에 자신의 꿈을 이루고 싶고, 노력한 만큼 성과를 거두고 싶은 여자라면 반드시 심리학에 밝아야 한다.

심리학은 곤혹스러운 상황에서 벗어날 수 있도록 도우며, 상대방의 내면 깊은 곳에 잠재된 진심을 통찰할 수 있게 한다. 나아가 어떻게 말하고 일하며 행동할지 알려주며, 각종 인간관계에서 더는 벽에 부딪히지 않고 인생의 주도권을 단단히 쥘 수 있게 한다.

이 책은 독자들이 사회생활과 인간관계에 꼭 필요한 심리학을 익힐 수 있도록 구성되어 있다. 심리 이론을 알면 인생을 내 편으로 만들 수 있다. 그로 인해 복잡다단한 인간관계에서 비롯되는 수많은 문제를 원만하게 처리하고, 일에서도 인간관계에서도 승리하는 여자가 될 수 있다! 이렇게 유용한 심리학을 인생에 적극적으로 활용하길 바란다.

우아하게 첫 만남을 주도하고 싶은 여자라면, 손해 보지 않고 노력한 만큼 성과를 내고 싶은 여자라면, 상사, 직장 동료를 내 편으로 만들고 싶고 사랑, 우정과 함께 삶을 더 풍요롭게 가꾸고 싶은 여자라면 심리학부터 삶에 도입하자!

Contents

**Women's
Psychology 3
일상생활**

여자의 인생은
처음부터 끝까지 심리전의 연속이다

**Women's
Psychology 4
처세**

상사와 동료를 내 편으로 만드는
심리의 기술

**Women's
Psychology 5
업무**

여자가 먼저 갖추어야 할 것은 능력보다 심리학이다

**Women's
Psychology 6
인기**

어디서나 환영받는 여자를 위한 심리학

Women's Psychology 1
첫 만남

첫인상은 심리전이다

대인관계 중에서도 특히 첫 만남을 너무 어려워하고 힘들어하는 사람들이 있다. 여자들 중에 특히 그런 사람이 많다. 이런 사람에게는 처음 만난 사람과 어떻게 말을 시작해야 할지 몰라 입을 꾹 다문 채 어색한 그 순간이 어서 빨리 지나가기만을 바라는 상황이 심심찮게 발생한다.

사교에 능한 여자는 첫 만남부터 마치 옛 친구를 만난 양 친화력을 발휘하고 관계의 주도권을 잡는다. 반면 사교에 서툰 여자는 처음 만난 사람과 눈이 마주쳐도 말 한마디 제대로 건네지 못한다.

더는 그런 거북하고 긴장된 상황에 놓이고 싶지 않다면 인간 심리의 시크릿 코드를 해독해야 한다. 심리학을 이용하면 첫 만남에서의 어색함을 극복하는 것은 물론 상대방과의 거리를 좁히고 서먹한 감정까지 사라진다는 것을 현실에서 확인할 수 있다. 이 사실을 기억하고, 첫 만남에서 심리학을 적극 활용해보자.

관계의 시작,
자기소개는 심리전이다!

첫 만남에서는 자신이 사귈 만한 가치가 있는
사람이며, 나름의 품격을 갖춘 사람임을
드러내는 것이 무엇보다 중요하다.

사람들은 흔히 '다른 사람과 처음 만나면 낯을 가리지만 두 번 세
번 만나다 보면 금세 친해진다'고들 말한다. 하지만 첫 만남이 제
대로 이뤄지지 않으면 더 친해질 두 번째, 세 번째 만남이 있을 리
만무하다.

사람마다 정도는 다르지만 첫 만남은 누구에게나 어렵다. 그때
의 낯선 느낌은 연륜이 쌓여도 도무지 익숙해지지 않는다. '도대
체 낯설기 그지없는 사람과 처음 만나서 무슨 이야기를 어떻게
시작해야 할까?', '섣불리 말을 붙였다가 괜히 기분만 상하게 하
는 건 아닐까?' 이런 고민은 좋은 인간관계를 맺기를 간절히 바라

지만 첫 만남이 어색한 여자들을 더 곤혹스럽게 만든다. 가장 어려운 부분은 역시 자신을 어떻게 소개하면 낯선 이에게 좋은 첫인상을 남길 수 있는가이다.

첫 만남은 자연스러워야 하고, 자신을 있는 그대로 보여주는 것이 좋다고 생각하는 사람도 있을 것이다. "안녕하세요. 저는 ○○입니다. 만나서 반갑습니다"라고 말하면 되지, 어려울 게 뭐 있냐는 것이다. 하지만 이렇게 평범하고 무미건조하게 소개하면 다시 만났을 때 상대방은 십중팔구 당신의 이름을 기억하지 못할 것이다. 그런 방법으로는 상대의 마음에 깊이 각인되기 쉽지 않다. 심지어 당신이라는 사람 자체를 기억하지 못할 수도 있다. 이런 참사를 막으려면 공들여 잘 다듬은 자기소개로 당신의 가장 우수하고 빛나는 면을 드러낼 줄 알아야 한다. 즉 '첫인상 효과'를 적극적으로 활용해야 한다.

자기소개도 심리전이다. 하루에도 수많은 사람들을 만나는 오늘날에는 더욱 그렇다. 특히 첫 만남에서의 어색함이 고민인 여자라면 전략적으로 자기소개를 준비해 효과적으로 자신이 원하는 것을 얻는 지혜가 필요하다. 그렇게 준비한 자기소개를 당당한 태도와 기억에 남을 만한 말로 전달해 상대방의 마음을 울리는 전략을 구사해보자.

그렇다면 처음 만난 사람에게 깊은 인상을 남길 수 있는 자기소개란 어떤 것일까?

우선, 특징과 장점을 부각하는 것이 중요하다. 자기소개의 목적은 상대방이 당신을 기억하게 만드는 데 있고, 자기소개가 길든 짧든 그중에서 상대방이 주목하고 기억하는 것은 당신의 특징과 장점이기 때문이다.

자신 있는 태도로 말하는 것도 잊어서는 안 된다. 따라서 자연스럽고 정돈된 자세, 친절하고 부드러우며 침착한 말투로 예의를 갖춰 말해야 한다. 쭈뼛거리거나 거들먹거리는 태도, 중언부언하거나 눈동자를 이리저리 움직이는 사람은 신뢰를 주지 못한다. 그러니 시원한 말투와 적당한 속도로 명확하게 말하도록 하자. 특징과 장점을 부각하되 겸손하고 차분한 태도로 말해야 신뢰를 줄 수 있다.

타이밍도 중요하다. 이는 개인적인 만남, 업무를 위한 미팅에 두루 해당된다. 상대방이 전혀 흥미를 보이지 않을 때, 기분이 나쁠 때, 식사나 휴식 중일 때, 업무 때문에 한창 바쁠 때는 소개를 피하자. 이럴 때 괜히 자기소개를 했다가는 더 어색해질 수 있고, 상대방을 불쾌하게 만들 수도 있다.

무엇보다 매너 있게 행동해야 한다. 자신이 준비되었다고 무턱대고 자기소개를 시작해서는 안 되며, 상대방이 동의한 후에 해야 한다. 또 중간에 그 만남을 주선한 사람이 함께 있을 때 그를 무시하고 직접 자기소개를 하면 자칫 무례해 보일 수 있으니 주의하도록 하자.

이때 가장 중요하고 반드시 갖추어야 할 매너가 있는데, 그것은 바로 당신 자신이 상대방을 기억하는 것이다.

자기소개 전략은 이제 반드시 익혀야 할 일종의 교양이자 생활의 기교다. 그러니 꾸준히 훈련해 더 친근하고 좋은 첫인상을 남기는 데 활용하길 바란다.

사교는 서로의 이름을
부르면서 시작된다

아닌 척하지만 사람들은 모두 다른 사람이 자신의
이름을 기억하는지를 은근히 신경 쓴다.

순조롭고 원활한 사교활동의 관건은 상대방의 심리적 방어선을
얼마나 제대로 공략하는가에 달려 있다. 한 심리학자는 "친밀감
을 높이는 가장 간단하고 좋은 방법은 바로 상대방의 이름을 기
억하고, 다음에 만났을 때 정확하게 부르는 것이다"라고 말했다.
이를 잘 아는 여자들은 처음 사람을 만날 때 기분 좋은 말투와 대
화 스킬로 상대방의 이름을 알아내고 부르면서 호감을 끌어낸다.

이보다 더 고수들은 상대방의 이름을 특별하게 만드는 전략을
써서 심리적인 방어선을 완전히 무너뜨린다. 가령 그 이름에 담
긴 의미 풀이를 훌륭하게 해낸다든지, 비슷한 발음을 가진 위인

의 이름을 함께 거론한다든지 하는 것이다.

　이처럼 사람은 누구나 타인으로부터 존중받기를 바라고, 상대방이 자신의 이름을 기억해주기를 바란다. 그래서 다른 사람이 자신의 이름에 주목하고 흥미를 보였을 때, 그가 자신을 중요하게 생각한다고 느낀다. 따라서 처음 만난 사람의 이름을 정확하게 불러주는 것만으로도 좋은 인상을 남길 수 있다.

　상대의 이름을 부를 때는 이름을 정확하게 기억해야 한다. 두 번째 만났을 때 상대방의 이름을 정확하게 부르면, 그는 당신을 매우 친절하고 성실한 사람이라고 생각하는 한편, 스스로 존중받고 있다고 여길 것이다. 호감을 갖는 것은 당연한 일이다. 반대로 이름을 기억하지 못해서 상대방에게 다시 한번 이름을 물어본다면 서로 어색한 상황을 면치 못하게 된다.

　상대방의 이름을 기억하려면 마음을 써야 한다. 미국의 사상가이자 시인인 랠프 월도 에머슨은 '예의란 작은 희생으로 만들어지는 것'이라고 했다. 남의 이름을 잘 기억하지 못하는 사람은 늘 이런저런 핑계를 찾지만, 진짜 이유는 그것이 무의미한 일이라고 생각하거나 애초에 외울 생각이 없기 때문이다. 강조하건대 좋은 인간관계는 상대방의 이름을 묻고 기억하는 데서부터 시작된다.

　첫 만남에서 이름을 제대로 못 들었다면, 다시 물어도 된다. 무례하다고 할까봐 잠자코 있는 사람도 있는데, 상대방은 당신이 자신의 이름을 듣고 기억하려고 애쓰는 모습에서 오히려 호감을 느낄 것이다. 적어도 다음에 만났을 때 엉뚱하게 불러서 어색해지는 상황을 만드는 것보다는 낫지 않은가!

이름에 특별한 의미를 부여할 수 있다면 더 좋다. 사실 남의 이름을 특별하게 해석하는 일은 말처럼 쉽지 않다. 문자와 언어에 익숙해야 하고, 재치와 기발함도 필요하다. 연상, 동음이의어, 언어유희 등의 방법을 이용하면 숨은 뜻을 발견하거나 새로운 뜻을 창조해낼 수 있다.

심리학은 이처럼 우리의 일상에 적용해 바로 그 효과를 볼 수 있는 간단하면서도 유용한 삶의 기법이다. 사소한 듯하지만 사람의 단순한 심리 작용에 대해 아는 것만으로도 일상의 많은 부분에서 자신이 원하는 바를 이룰 수 있다.

대화를 위한 준비운동으로
긴장감과 경계심을 풀라

스 몰 토 크 효 과

|

대화를 할 때 일종의 준비운동 없이 본 주제로
바로 들어가면 너무 딱딱해서 대화가 제대로
이뤄지지 않는다.

인간관계의 중요성이 나날이 커져가는 오늘날, 사교 능력은 그
사람의 생존력을 결정한다. 제대로 사람을 사귈 줄 아는 여자는
사적인 모임, 업무 미팅 등 어떠한 사교 현장에서도 '준비운동' 하
는 것을 잊지 않는다. 준비운동 단계에서 상대방의 내면과 소통
하고 감정을 주고받으면 긴장감과 경계심이 풀리고 대화가 더욱
유쾌해진다. 즉 '스몰 토크 효과(Small Talk Effect)'를 활용하면 대
화의 목적을 훨씬 쉽게 달성할 수 있다.

인간관계론이나 사교심리학에서는 이 준비운동 단계에서 스
몰 토크 효과를 적극적으로 활용하라고 제안한다. 스몰 토크는

언뜻 보기에는 아무 필요도 의미도 없는 이야기처럼 보일 수 있지만, 이 이야기들은 대화에 양념이 되어서 심리적으로 동질감이 쌓이게 한다. 똑똑한 여자는 사교에서 감정 교환이 얼마나 중요한지를 잘 알며, 이 스몰 토크 효과를 적극적으로 활용한다.

그렇다고 입에서 나오는 대로 말을 막 해서는 안 되며, 스몰 토크를 하는 데도 나름의 전략이 필요하다.

이때 공동의 취미와 관심사는 원활한 대화를 위한 좋은 재료가 된다. 둘 사이에 공통되는 무언가가 있다면, 그것이 아무리 사소한 것이라도 스몰 토크의 재료가 될 수 있다. 상대방이 지니고 있는 물건 중에서 힌트를 얻을 수도 있고, 그 즈음의 날씨나 물가에 관한 이야기로 시작할 수도 있을 것이다.

스몰 토크로 생겨난 동질감은 사람 사이의 서먹하고 낯선 감정을 빠르게 없애주고, 그 자리를 친근감으로 채워준다. 동질감을 느끼는 순간, 상대방은 긴장을 풀고 좀 더 편안하게 당신을 바라볼 것이다. 자기도 모르는 사이에 속마음까지 털어놓을 수도 있다.

그런데 동질감과 호감이 생겨났더라도 관계를 잘 관리하고 계속 발전시키지 않으면 다시 어색한 사이로 돌아갈 수 있다. 이런 일을 방지하려면 상대방에게 꾸준히 관심을 보이면서 소통해야 한다는 걸 잊지 말아야 한다.

죽어가는 분위기를 살리는
가장 쉬운 방법

유 머 의   심 리 학

|

누구나 무겁고 엄숙한 분위기보다
가볍고 즐거운 분위기를 좋아한다.

갖은 애를 썼으나 공통의 화젯거리를 찾을 수 없어서 분위기가
크게 가라앉았던 경험이 있을 것이다. 그런데 분위기가 점점 무
거워질수록 긴장감도 커진다. 이렇게 숨쉬기도 불편한 상황에서
무슨 소통이 되고, 어떻게 서로 어울릴 수 있겠는가!

　사람을 사귈 때는 어깨를 짓누르는 무겁고 엄숙한 분위기에서
벗어나야 서로 감정이 커지고 관계가 돈독해질 수 있다. 이때 유
머나 기분 좋은 말 한마디는 분위기를 개선하고 교류를 촉진하는
데 있어서 더할 나위 없이 좋은 선택이다.

　러시아 문학가 안톤 체호프는 "유머를 모르는 사람은 희망이 없

는 사람이다"라고 말했다. 그만큼 유머는 부정적 감정을 희석하고, 희망과 즐거움을 가져다준다. 유머러스한 사람은 살면서 힘들고 어려운 일을 만나도 가볍고 자연스럽게 넘길 줄 안다. 유머의 심리학을 알면 일은 물론 대인관계 또한 수월해지는 것이다.

적당한 때 정도를 지킨 유머는 여자들이 쉽게 활용할 수 있는 사교의 기술이기도 하다.

가죽제품 전문점을 방문한 고객이 토끼털 모자를 보다가 물었다. "이 모자 정말 멋지네요. 마음에 들어요. 그런데 이거 비 맞아도 괜찮나요?" 그러자 여자 사장이 또랑또랑한 목소리로 말했다. "당연히 괜찮죠! 우산 쓰고 다니는 토끼 보셨어요?"

심리학자들은 사람과 사람 사이의 교류를 이끌고 촉진하는 가장 효과적인 요소로 단연 유머를 꼽는다. 그중 한 심리학자는 '유머는 가장 재미있고, 가장 전파력이 크며, 가장 보편적인 소통의 예술'이라고 말하기도 했다. 모두를 즐겁게 하는 유머는 분위기를 더 부드럽게 만드는 윤활유 역할을 한다. 빡빡한 일정 때문에 피곤할 때, 조급한 마음으로 무언가를 기다릴 때 누군가가 던진 재미있는 말 한마디에 웃음을 터트리고 피로와 긴장감을 날려버린 경험이 있지 않은가!

그러니 긴장과 갈등이 고조되었을 때, 분위기가 무겁고 딱딱할 때는 가벼운 유머를 던져보자. 분위기가 부드럽게 바뀌고, 안 좋은 일을 잊으며, 스트레스가 풀려 삶의 질이 높아질 것이다. 긍정적인 분위기를 최고조로 올려주는 유머를 활용하면 좋은 친구를 얻을 수도 있다.

유머는 실없는 소리가 아니다. 좋은 유머는 지혜, 그것도 풍부한 지식과 깊은 통찰력이 있는 사람만이 구사할 수 있다. 다행히도 유머 감각은 타고나는 것이 아니라 평소 약간의 학습과 훈련을 통해 연마할 수 있다.

유머 감각이 있는 여자는 상대방에게 좋은 인상을 남기고, 비교적 쉽게 호감을 얻을 수 있다. 좋은 인간관계를 만들고 싶다면 유머를 습관화할 것을 권한다.

더 돈독한 사이로
발전하기 위한 한 수

친 숙 함 과   선 호 의   영 향

사람은 원래 친한 사람의 생각이나 제안을
상대적으로 쉽게 받아들이는 심리가 있다.

어떤 사람을 사귀고 싶거나, 아는 사람이지만 좀 더 깊은 관계로
발전하기를 바란다면 둘 사이에 다리가 되어줄 사람을 찾아야 한
다. 강 저쪽으로 건너갈 다리가 되어줄 사람이 있다면 인간관계
를 확대하기가 훨씬 쉬울 것이기 때문이다.

  사교의 중요성을 인식하고 사회생활을 조금이라도 해본 사람
이라면 그 중요성을 알 것이다. 사실 남자든 여자든 다른 사람의
도움이나 조언 없이 혼자 힘으로 성공하기는 쉽지 않다. 더구나
사람들은 친하거나 좋아하는 사람의 제안이나 요구를 쉽게 수락
하는 경향이 있다. 사회심리학에서는 이를 '친숙함과 선호의 영

향’으로 해석한다.

그런데 다행히도 여자들은 태생적으로 우수한 사교가의 기질을 타고나서 ‘중간 매개자’를 활용하는 데 익숙하다. 여자들의 경우 일상생활에서 양측을 모두 아는 누군가에게 소개를 부탁하고 소개받아 다 같이 친구로 지내는 일이 매우 흔하다.

거기서 그치지 않고 현명한 여자는 인맥의 영향력과 중요성을 정확하게 이해하고 십분 활용할 줄 안다. 또 최선을 다해 좋은 인간관계를 만들고 긍정적으로 작용하도록 노력한다.

어떤 사람과 관계를 쌓고 싶다면 당신이 잘 아는 사람, 예컨대 친척, 친구, 상사, 동창, 동료 등에게 소개를 부탁해야 한다.

물론 부탁한다고 그들이 선뜻 들어줄지는 알 수 없다. 따라서 이는 곧 평소에 인간관계를 잘 관리해야 한다는 이야기로 귀결된다. 중간에 소개시켜줄 사람을 동원할 수 있다는 사실 자체가 당신이 평소에 인간관계를 잘 맺어왔다는 것을 의미하기 때문이다. 좋은 인간관계를 유지한다는 것은 시간과 노력이 누적되어야 가능하지 절대 하루아침에 이뤄지는 일이 아닌 것이다.

더불어 튼튼하고 좋은 다리를 놓아 강 저쪽으로 잘 건너가려면 평소에 주변 사람들에 대한 이해도가 높아야 한다. 그들이 어떤 인간관계를 형성하고 있는지, 그 깊이와 범위는 어떤지 알아야 소개해달라는 부탁도 할 수 있다. 평소에 주변 사람에게 관심을 갖고 이해하는 마음으로 대한다면 당신의 인간관계는 점점 확대되고, 그중 귀한 인연도 만나게 될 것이다.

소개를 통해 신뢰를 쌓고 원하는 것을 얻기 위해서는 소개해주는 사람과 소개 받을 사람의 관계를 명확하게 알아야 한다. 두 사람이 서로 어떤 관계이고 얼마나 친한지에 따라 소개의 효과가 달라지는 것이다. '대학 동창', '어린 시절 함께 자란 친구' 등 처음부터 두 사람이 어떤 관계에 있는지 명확하게 알고, 소개 받는 사람에 대해 정확하게 이해하고 만나야 다음 단계로 나아갈 방법이 보인다. 따라서 소개해주는 사람에게 미리 어떤 관계인지 이야기해달라고 요청하도록 한다.

낯선 사람과 대화를 나눌 때 가장 처음 부딪히는 난관은 '무슨 이야기를 할 것인가'이다. 대화를 좀 더 부드럽고 순조롭게 진행하려면 반드시 공동의 화제가 있어야 한다. 이는 첫 대화를 성사시키기 위한 불씨이자 세부적인 대화로 들어가기 위한 기본 재료이며, 서로 호감을 느끼고 기분 좋은 대화를 이어가게 하는 촉매제다.

대화는 상호 활동이므로 공동의 화제는 절대 혼자만의 생각으로 결정할 일이 아니다. 공동의 화제는 매우 신중하게 공들여 찾아야 한다. 그런 의미에서 중간에서 소개해주는 사람의 역할은 단순히 인사를 시키는 데서 그치지 않는다. 안면이 있는 사람이 아니라 친근한 사이로 발전하려면 소개해주는 사람이 나머지 두 사람 사이의 공통점을 언급해서 관계를 탄탄히 쌓아 올릴 기반을 마련해주어야 한다. "두 사람, 정말 잘 만났네요. 둘 다 고전문학에 관심이 많잖아요. 이야기하다 보면 분명히 서로 도움이 될 거예요." 이런 식으로 중간에 튼튼한 다리를 놓아주면 소개 받은 두 사람은 고전문학을 공동의 화제로 삼아 이야기를 시작해 점점 서로를 더 알아가게 되고, 좀 더 편안하게 감정을 교류할 수 있을 것이다.

그런데 물론 상대방과 좋은 관계를 맺는다는 목적이 있지만, 너무 거기에만 치중하면 안 된다. 융통성과 여유를 좀 더 발휘해 일상적인 주제를 곁들이면서 천천히 상대방을 알아간다는 마음으로 대화를 나누는 것이 좋다. 너무 서두르지 말라는 말이다. 사교에서는 당신이 무엇을 하는가보다 상대방이 당신의 방식을 받아들이는가가 더 중요하기 때문이다.

눈을 부릅뜨고
공통의 관심사를 찾으라

연 결 고 리 효 과

잔뜩 경계하다가도 공통점을 발견하는
순간, 경계심이 사라지고 친근하게 느끼는
현상은 가장 흔한 심리적 편향이다.

처음 본 사람과 이야기를 나누다가 뜻밖에도 같은 고향 사람이거
나 중학교 동문, 혹은 전공이 같다는 걸 알게 된 순간 상대방에 대
한 낯선 느낌이 사라지고 분위기가 부드러워졌던 경험이 있을 것
이다. 이는 바로 '연결고리 효과' 때문이다.

똑똑하고 사교에 능한 여자는 사람의 마음을 공략해 심리적 거
리를 좁히는 방법을 잘 안다. 그들은 낯선 사람과 만나 대화할 때
최대한 빨리 상대방의 정보를 알아내고, 그 안에서 자신과의 공
통점, 즉 연결고리를 찾는다. 이를 토대로 그가 자신에게 친근감
을 느끼고 두 사람이 감정적으로 융화될 수 있는 상황을 만들기

위해서다.

공자는 "길이 같지 않으면 함께 도모하지 않는다"라고 했다. 뜻이 같지 않은 사람과는 함께할 수 없다는 의미다. 실제로 뜻이 같고 추구하는 바가 같은 사람만이 함께 조화롭고 자유로운 대화를 나눌 수 있다.

공통점은 동질감을 형성하고, 동질감은 일종의 심리적 자기장 역할을 한다. 일단 공통점으로 인해 심리적 자기장이 형성되면 처음 보는 낯선 사람에게도 흥미가 생기고 대화가 술술 이어지게 된다. 친해지고 나면 서로 죽이 맞는 것이다. 반대로 누군가 사귀고 싶은 사람이 있어도 둘 사이의 연결고리를 찾지 못하면 할 말도 없고, 말을 하더라도 한두 마디만에 입을 다물게 될 수 있다.

처음 만난 사람과 심리적 거리를 좁히기 위해서는 적극적으로 대화를 이끌어가려는 자세가 필요하다. 그리고 처음 만난 사람과 심리적 거리를 좁히기 위해서는 최대한 빨리 친화적인 태도를 보여 친절한 사람이라는 인상을 남겨야 한다. 그런데 어떤 여자들은 스스로 말솜씨가 별로라고 생각해서 쉽게 입을 떼지 못한다. 그들은 상대방이 딱딱하고 차갑게 반응하거나 심지어 비웃을까봐 차라리 침묵을 택하기도 한다. 그러나 단언컨대 그것은 쓸데없는 걱정이다. 사교에 필요한 것은 번드레한 말솜씨가 아니라 친절하고 밝은 태도다. 이런 태도는 듣기 좋은 말 백 마디와 같은 효과를 낸다. 상대방은 남다른 친화력을 가진 당신에게 감화될 것이다.

가볍고 즐거운 분위기를 만들어야 하는 것은 물론이다. 상대방이 경계심을 거두게 하려면 그 자리는 물론 당신이 편안하고 자유로운 사람이라고 느끼게 해야 한다. 그러기 위해서는 솔직담백하고 진솔한 대화로 상대방이 거북한 느낌을 갖지 않도록 하자. 특히 상대방이 낯선 사람과 이야기하는 데 익숙하지 않은 사람이라면 그의 기분을 살피며 최대한 부드럽게 말하도록 하자.

서로의 공통점을 찾으려면 관찰력이 필요하다. 상대방의 심리 상태, 취미, 취향 등은 그들의 표정, 옷차림, 말투, 행동 등에 드러나기 마련이다. 세심하게 관찰하면 그중에서 분명히 당신과의 공통점을 발견할 수 있을 것이다. 더불어 상대방의 말 한마디도 허투루 넘기지 말고 확인하고 분석해야 한다. 말 속에는 다양한 정보가 담겨 있으므로 아주 꼼꼼하게 따져보면 공통점을 찾을 수 있다. 친화적이고 진솔한 태도, 뛰어난 관찰력으로 공통점을 찾아냈다면 호감을 얻기는 그리 어렵지 않다.

하지만 관계가 단순히 호감에 머물지 않고, 한 단계 더 발전할 수 있는가는 그 사람의 사교 수준에 달려 있다. 말하자면 공통점은 대화 초기의 불쏘시개로, 일차적인 호감을 얻는 데 유리하다. 그런데 이후에 관계를 더욱 견고하게 만들기 위해서는 다양한 방면으로 노력을 아끼지 않아야 한다. 일상에서 충분히 할 수 있는 노력이다. 예컨대 대화를 통해 얻은 정보 속에서 생일이나 결혼

기념일 같은 상대방에게 특별한 날을 찾아 기억했다가 축하를 건네는 것도 한 방법이다.

또 짧더라도 시간을 내서 자주 만나기를 권한다. 만남은 시간의 길이보다는 횟수가 더 중요하다. 만나는 횟수를 늘리면서 상대방에게 좋은 인상을 차곡차곡 쌓아가야 한다. 이렇게 심리적 자기장을 견고하게 만드는 것은 처음 만난 사람과 심리적 거리를 좁히는 데 유용하게 작용한다.

식사 자리에서 나누는 대화는
전쟁도 멈추게 한다

원래 사람은 배가 불러오면 조금 덜 까다로워진다.
평소라면 허락하지 않을 요구도 함께 밥 먹고 차를
마시다 보면 자기도 모르게 받아들이는 경우가 많다.

타인에게 어떤 요구를 하거나 그를 설득하려고 할 때 섣불리 접
근했다가는 자칫 공들여 만들어놓은 관계에 금이 가고 목적도 달
성하지 못하게 될 수 있다. 이런 낭패를 당하지 않기 위한 가장 좋
은 방법은 '함께 먹고 마시기'이다.

먹고 마시기, 즉 식사는 단순히 음식을 섭취하는 행위일 뿐 아
니라 사람이 압박감에서 벗어나 편안함을 느끼게 돕는다. 여기에
맛 좋은 술까지 한잔 곁들이면 전쟁도 잠시 멈추게 할 수 있을 것
이다.

식사 자리에서 이야기가 잘되면 설령 첫인상이 나빴다고 해도

관계를 개선할 수 있다. 사실상 상대방이 당신의 식사 초대에 응하기만 해도 목적을 절반 이상 달성한 것이나 다름없다.

상대방에게 밥이나 차를 대접할 때는 직접 요리 솜씨를 발휘하거나 상대방이 좋아할 만한 식당에서 대접하면 된다. 상황에 따라 간단한 디저트를 준비해 선물하는 것도 좋다.

사업이나 업무와 관련된 일이라면 청탁으로 느껴지지 않게 하거나 부담을 주지 않는 선에서 대접해야 한다. 대신 대접하는 내내 마음으로 세심하게 신경을 써야 한다. 잘해보겠다고 시작한 일인데 방심해서 일을 그르치면 하지 않느니만 못할 수도 있고, 또 전혀 예상치 못한 어려운 상황으로 치달을 수도 있기 때문이다.

만약 회사나 사무실에서 협상을 한다면 케이크나 과일 같은 간단한 먹거리를 준비해 상대가 반대 의견을 말할 기회를 줄이는 시도를 하는 것도 좋다.

그리고 그 목적이 무엇이든 대접하는 동안 언행에 주의해 상대방을 존중하고 있음을 드러내야 한다. 작은 동작이나 지나가는 말 한마디까지도 모두 상대방이 당신을 평가하는 기준이 된다는 사실을 명심하자. 상대방에게 좋은 인상을 남기려면 식사 예절도 무척 중요한 것이다.

또 자리 배치도 신경 써야 한다. 입구와 마주한 가운데 좌석은 상석으로, 그 자리에는 반드시 손님이 앉도록 해야 한다.

싸우려는 게 아니라면
정면은 피하라

앉 는 위 치 의 심 리 학

대화할 때 너무 정면에 마주 앉아
똑바로 바라보면 상대방이 압박감과
불편함을 느낄 수 있다.

엄마가 잘못을 지적하거나 바로잡아주려고 할 때 자녀들은 고개를 돌리거나 시선을 떨구면서 눈을 마주치려 하지 않는다. 모임에서 처음 보는 사람이 바로 맞은편에 앉아 있으면 뭔가 불편해서 말과 행동이 다소 부자연스러워지기도 한다. 법정에서 판사와 피고인 사이에는 아무것도 놓여 있지 않아 서로 똑바로 마주볼 수 있게 돼 있는데, 이런 구도에서 피고인은 겁을 먹게 된다. 왜 이런 일들이 발생할까?

심리학자들은 사람과 사람이 서로 마주 앉으면 일종의 압박감과 불편함이 생겨난다고 한다. 사람은 누군가와 논쟁을 벌이거나 싸울 때 자기도 모르게 상대방의 맞은편에 앉는데, 이렇듯 마주 보고 앉으면 긴장과 대립의 분위기가 형성된다. 설령 의도적으로 주시하는 게 아니더라도 똑바로 바라보는 시선은 상대방의 심리를 꿰뚫어 보는 듯한 공격성을 띤다. 따라서 정면으로 마주 앉으면 긴장하고, 대립하는 듯한 분위기가 조성될 수밖에 없다.

반대로 나란히 앉거나 대각선 방향에 앉으면 상대적으로 우호적인 관계를 만들 수 있다. 즉 어떤 사람과 심리적인 거리를 좁히고 친해지고 싶다면 상대방과 정면으로 마주 앉는 것은 피해야 한다. 상대하기 어려운 사람일수록 정면에 앉기보다 옆자리나 대각선 자리에 앉을 것을 권한다. 이 말은 다른 사람과 갈등이 생겼을 때 문제를 해결하고 관계를 회복하고 싶다면 맞은편에 앉아서는 안 된다는 이야기이기도 하다. 예를 들면 결혼을 약속한 남자 친구의 부모님과 식사하는 자리에서는 가장 어려운 사람의 정면에 앉기보다 대각선 쪽에 앉기를 권한다.

반면 자녀를 훈육할 때, 아이가 스스로 문제의 원인을 찾게 하거나 문제를 해결할 수 있다는 자신감을 북돋고 싶다면 아이의 옆이나 비스듬한 방향에 앉아서 안정감을 느끼게 해야 한다. 만약 아이가 큰 잘못을 저질렀거나 말을 들으려 하지 않는다면 아예 처음부터 정면에 앉는 편이 좋다. 정면에 앉아 엄한 표정과 말투로 아이의 눈을 주시하고 압박하면 아이가 나쁜 행동을 즉각 멈추고 깊이 반성하게 할 수 있다.

Women's Psychology 2
관계

타인의 심리를
헤아릴 줄 아는 여자는
손해를 보지 않는다

심리 효과란, 다른 사람(사물)의 행위(작용)에 영향을 받아 그에 상응하는 인과 반응이
나 연쇄 반응을 일으키는 심리적 현상을 가리킨다. 심리 효과는 동전의 양면처럼 긍정
적인 면과 부정적인 면을 모두 가지고 있다. 사교에 능숙하고 인간관계를 잘 처리하기
를 원하는 여자라면 다양한 심리 효과에 대해 이해하고 상황에 따라 전략적으로 이용
할 줄 알아야 한다. 간단하면서도 바로 응용이 가능한 각종 심리 효과를 적절하게 다
룰 수 있다면 관계에 불필요한 상황이나 충돌을 피하는 동시에 자신의 매력과 영향력
을 최대한 발휘할 수 있다.

완벽한 첫인상이야말로
가장 효과적인 기술

초 두   효 과

첫 경험은 기억에 깊이 남아 오래도록
그 사람의 삶에 영향을 미친다.

사람들은 대부분 '처음'에 대해 각별한 감정을 갖는다. 첫 담임선생님, 첫 출근, 첫사랑…. 이런 것들은 크게 노력하지 않아도 기억에 선명하게 남는다. 두 번째 담임선생님, 두 번째 출근, 두 번째 사랑도 분명 있었을 테지만 이상하게도 그것들에 대해서는 정확한 기억도, 대단한 감흥도 없다. 심리학에서는 이처럼 첫 경험이 기억에 깊이 남아 오래도록 꾸준히 영향을 미치는 현상을 '초두 효과(Primary Effect)'라고 부른다.

초두 효과를 대인관계에 적용하면, 첫인상이 머릿속에 일종의 고정관념을 형성해 작용한다고 해석할 수 있다. 이 때문에 초두 효과는 '첫인상 효과'라고도 부른다. 타인에게 좋은 첫인상을 남기면 그의 잠재의식에 영향을 미쳐서 사교의 목적을 훨씬 쉽게 달성할 수 있다. 기억하자. 완벽한 첫인상이야말로 가장 중요하고 효과적인 사교 기술이라는 것을.

심리학 연구에 따르면 첫 만남에서 남긴 인상은 무엇보다 중요하다. 처음 만나 불과 45초 만에 형성되는 첫인상은 이후의 사교 및 관계에 큰 영향을 미친다. 이때 그 사람의 소양과 개성을 담고 있는 외모, 자세, 말투, 옷차림, 꾸밈새 등은 첫인상을 결정하는 요소로 작용한다.

실제로 대인관계에서 상대방에게 인정받고 긍정적으로 받아들여지려면 반드시 좋은 첫인상을 남겨야 한다. 첫인상은 당신이 생각하는 것보다 사교에 훨씬 큰 영향을 미친다. 상대방에게 좋은 첫인상을 남겨 대인관계에서 유리한 위치를 선점하고 싶다면 다음을 기억하자.

첫째, 개성이 있으면서도 좋은 이미지를 남길 만한 스타일을 연출한다. 밝고 긍정적인 이미지는 좋은 첫인상의 전제 조건이며, 이를 판단하는 첫 번째 요소는 바로 겉모습이다. 단점을 감추고 장점을 드러내는 똑똑한 스타일링으로 누구에게나 환영받는 좋은 이미지를 만들도록 하자. 옷이나 구두, 장신구 등을 살 때도 사이즈나 가격만 볼 것이 아니라 추구하는 이미지에 잘 맞는지 따져봐야 한다. 자신만의 개성이 담긴 좋은 이미지가 형성되면 자연스럽게 호감 가는 인상이 배어나올 것이다.

둘째, 자신 있고 시원시원한 매력을 드러낸다. 부끄러워서인지 어색해서인지 사람을 만나면 쭈뼛거리는 사람들이 있는데, 남자보다는 여자 중에 이런 사람이 많다. 그러나 말 한마디를 시원하게 하지 못하고 머뭇거린다면 상대방에게 좋은 첫인상을 남길 수 없고, 무엇보다 더 높고 더 큰 세상으로 절대 나아가지 못한다. 반대로 자신 있고 시원시원한 모습을 드러내면 좋은 첫인상을 남길 수 있다. 처음 만났을지라도 용기를 내어 솔직하고 호탕한 모습을 보이면 호감을 얻을 수 있을 것이다.

무엇보다 중요한 것은 교양과 예의를 갖추는 것이다. 누구나 교양 있고 예의 바른 사람과 사귀기를 바란다. 그러니 평소 교양과 예의가 몸에 배게 해 사람들 앞에서 자연스럽게 드러나도록 하자. 물론 외모가 훌륭한 사람이 더 주목받는다는 것은 부인할 수 없는 사실이다. 하지만 교양과 예의를 갖추면 외모를 통해 얻을 수 있는 것보다 더 주목받고 호감도 얻을 수 있다.

이처럼 심리학적 지식을 활용해 첫 만남에서부터 전략적으로 관계를 관리하는 것은 이제 사회생활을 하는 데 있어서 필수 덕목이라 할 수 있다. 특히 타고나길 사교가의 기질을 가졌음에도 불구하고 인간관계에서 어려움을 겪고, 노력에 비해 자신이 원하는 바를 성취하지 못하는 여자들에게는 무엇보다 이런 전략적 접근이 필요하다.

안 좋았던 첫인상을
떨쳐내는 방법

최 신 효 과

결국 사람의 기억에는 최초의 인상과
최후의 인상만이 깊이 남는다.

'초두 효과'라는 심리학 용어는 모를지라도 첫인상의 중요성은 인정하고 신경 쓸 것이다. 반면 '최신 효과(Recency Effect)'는 종종 무시되곤 하는데, 심지어 그런 것이 있는지도 모르는 사람이 꽤 많다. 최신 효과는 간단히 말해서 가장 나중, 혹은 가장 최근에 제시된 정보를 더 잘 기억하는 현상으로, '막바지 효과'라고도 한다.

대인관계와 사교활동에서 초두 효과와 최신 효과는 똑같이 중요하다. 심리학자들은 대인관계에서 최초와 최후의 인상만이 머릿속에 깊이 남는다고 본다. 첫인상도 물론 중요하지만, 관계가 발전하면서 발생하는 사건들에서 첫인상과 다른 느낌이 들 수 있기 때문에 결국 최초의 인상과 최후의 인상만이 깊이 남는다는 것이다.

사실 최신 효과는 일상에서 흔히 발견할 수 있다. 사이가 좋은 두 친구가 의견 충돌이나 오해로 갈등을 빚고 절교한다거나 뭐든 같이 하면서 친하게 지내던 두 집안이 작은 일로 싸우고 나서 왕래를 뚝 끊는 일 등 말이다. 이런 일들은 모두 최신 효과의 영향을 받아 발생한 것이다.

좋은 첫인상을 남기는 데만 집중한 나머지 최신 효과를 무시하면 '첫인상과 다른 사람'이라는 소리를 듣기 십상이다. 이렇게 되면 관계에 있어서 용두사미 꼴을 면치 못하게 된다. 또 처음과 끝이 모두 같아야 사교의 목적을 최종 달성할 수 있다.

따라서 대인관계에서 우리는 초두 효과뿐 아니라 최신 효과도 중요하게 생각하고 잘 활용해야 한다. 특히 상대방에게 좋지 않은 첫인상을 남겼다면, 반드시 최신 효과를 이용해 나쁜 인상을 지워야 한다.

그러기 위해서는 몇 가지 기억해야 할 것이 있다. 우선, 꾸준하게 소통해야 한다. 상대에게 남긴 첫인상이 나빴더라도 너무 걱정할 필요는 없다. 계속 더 많은 소통을 하려고 시도해서 좋은 면을 드러내면 상대방은 당신의 진면목을 알아차리고, '알고 보니 그 사람 참 괜찮네'라고 생각하게 될 것이다. 오해가 풀리면 처음과 달리 좋은 인상을 남길 수 있다.

소통을 통해 오해를 풀었다면 지속적으로 관계를 유지하기 위해 노력해야 한다. 최악의 상황은 상대방이 당신을 '파르르 끓어올랐다가 금세 식는' 사람으로 보는 것이다. 어떤 관계든 먼저 자주 연락하고 관계를 지키기 위해 노력하는 사람이 기억에 남고 사랑받는 법이다.

평소에 전화를 자주 걸어 안부를 묻거나 가끔 작은 선물을 건네는 것도 좋고, 어떤 활동을 함께하면 더 좋다. 이렇게 하면 사교 활동이 계속 이어지므로 도움이 필요할 때 부탁하기도 좋다. 처음에는 죽이 맞아 신나게 어울리다가 갑자기 연락을 뚝 끊고 도움이 필요해지면 다시 나타나는 사람이 있는데, 이런 사람을 곱게 볼 리 없지 않은가! 아마 이용당하는 느낌이 들어 기분이 좋지 않을 것이다. '내가 오란다고 오고, 가란다고 가는 사람인 줄 아나?'라고 생각할 수도 있다.

사교는 시작도 어렵고 중요하지만, 꾸준히 관계를 경영하고 유지, 관리하는 게 더 중요하다. 현명한 여자라면 이처럼 심리 효과를 이용해 상대방이 자신을 좋아하게 만들 줄 안다.

귀가 아니라
온몸으로 들으라

경 청 효 과

말하기를 좋아하고 듣기를 싫어하는
심리는 인간의 첫 번째 약점이며,
인정받고 싶은 심리는 두 번째 약점이다.

대화는 가장 직접적인 사교 방식으로, 효과적으로 자신을 표현하고 내면을 드러내는 수단이다. 이때 경청, 즉 상대방의 말에 관심을 가지고 진심으로 들으면 그의 심리적 욕구를 만족시키고 호감도를 높일 수 있다. 사람은 자신의 말을 잘 경청해주는 사람에게 호감을 느끼게 마련이기 때문인데, 심리학에서는 이를 '경청 효과'라고 한다.

대화는 이야기를 하고 듣는 것으로 이뤄지지만, 이야기하는 걸 좋아하는 것과 경청할 줄 아는 것은 전혀 다른 효과를 낸다. 가끔 모든 상황에서 자신이 중심에 서기를 바란 나머지 말할 상대만 있으면 쉬지 않고 자기 이야기를 속사포처럼 쏟아내는 사람들이 있다. 그들은 스스로 자신을 빛나게 만들어서 다른 사람들이 경탄하는 표정을 보기를 좋아한다. 하지만 이런 행위는 자신과 상대방 사이에 두꺼운 벽을 세우는 것과 같아서 많은 말을 하고도 이해와 호감을 얻기 어렵다. 어쨌거나 말을 많이 하면 자신의 욕구를 만족시킬 수 있을지는 모르지만, 우정을 쌓을 기회는 놓치게 된다.

이해는 경청을 통해 이뤄진다. 경청할 줄 아는 사람이야말로 다른 사람에게 인정받고, 사교의 주도권까지 쥘 수 있다. 당신이 상대방에게 보이는 존중과 진정성은 당신에 대한 인정과 긍정으로 되돌아올 것이다.

솔직히 세상에 할 말 없는 사람이 어디 있겠는가? 다들 살면서 즐겁고 기쁠 때가 있고, 힘들고 괴로울 때가 있다. 그런 자신의 경험을 다른 사람들과 공유하고 공감을 얻기를 바란다. 따라서 이런 심리적 욕구를 만족시켜주기만 해도 당신은 그에게 '좋은 사람'이 될 수 있고, 그 결과 목적을 더 수월하게 달성할 수 있다.

그렇다면 경청을 잘하기 위해서는 어떻게 해야 할까?

다른 사람과 교류할 때 상대방이 말을 하고자 한다면 당신은 기꺼이 발언권을 양보하고 경청하는 사람의 역할을 맡자. 설령 상대의 이야기를 듣고 싶지 않더라도 침묵을 지키면서 듣는 전략이 필요하다. 그도 아니면 잘 듣는 척이라도 하자. 말하고 싶은 상대방의 욕구를 최대한 만족시켜줘야 호감을 얻을 수 있기 때문이다.

사람들은 누구나 상대방이 자신의 말을 잘 듣고 공감해주기를 바라며, 말하는 중에도 인정과 긍정의 시그널을 얻길 바란다. 이에 대해 반응하는 가장 간단하고 쉬운 방법은 고개를 끄덕이는 것이다. 적절한 순간에 고개를 살짝 끄덕이기만 해도 상대방이 하는 말을 잘 듣고 있다는 것을 전달할 수 있다.

물론 도저히 동의하기 어려운 생각이나 의견을 접하게 될 수도 있다. 이럴 때는 따로 반박하거나 논증하지 않는다. 그러면 그는 당신을 '자기 사람'이라고 생각하고 호감을 갖게 될 것이다. 그러니 타인에게 호감을 얻고 싶다면 고개를 끄덕이는 데 익숙해져야 한다.

누군가와 대화할 때는 서로 눈을 마주치며 눈빛을 교환해야 진정성을 전달할 수 있다. 눈을 피하며 자꾸 다른 곳을 보면 상대방은 당신이 제대로 듣고 있지 않다고 생각할 것이다. 또 기쁘고 즐거운 이야기가 나오면 눈빛을 밝게 하고, 슬프고 속상한 이야기가 나오면 위로의 눈빛을 보여야 한다. 그러면 상대방은 당신이 자신과 같은 감정을 느낀다고 여길 것이다.

사교는 상호 활동의 과정이다. 상대방은 당신이 경청해주기를 바라는 동시에 자신의 이야기에 참여하기를 바랄 것이다. 경청하는 도중에 상대방의 말을 따라서 반복하거나 가끔 질문을 던져서 이해하지 못하고 넘어가는 부분 없이 잘 따라가고 있음을 알리는 것도 좋다. 이렇게 하면 대화를 통한 상대방의 만족도가 높아지는 것은 물론, 상대방이 갑자기 의견을 묻거나 평가를 구할 때 당황하지 않을 수 있다.

세상에 주목받고
싶지 않은 사람은 없다

조 명 효 과

사람은 은연중에 타인의 관심을
확대해석하고, 자신이 사람들의 시선을
많이 받는 사람이라고 착각한다.

코넬대학교 심리학과의 토마스 길로비치 교수는 재미있는 실험을 했다. 한 학생에게 명품 옷을 입고 강의실에 들어가게 한 것이다. 이때 이 학생은 강의실에 있는 학생 대부분이 자신을 주목할 거라고 예상했지만, 실제로 그 학생에게 주목한 학생은 전체 학생의 23퍼센트에 불과했다. 이 실험을 통해 우리는, 사람들은 다른 사람들이 자신을 주목한다고 생각하지만, 실제로는 그렇지 않다는 사실을 알 수 있다.

이처럼 모든 사람은 자신을 세상의 중심에 두는 경향이 있다. 또 은연중에 타인의 관심을 확대해석하고, 자신이 사람들의 시선을 많이 받는 사람이라고 착각한다. 심리학에서는 이를 '조명 효과(Spotlight Effect)'라고 부른다.

외출 전에 멋진 옷을 골라 입고 열심히 단장하는 이유도 주목받고 싶기 때문이다. 길을 가다 넘어지면 넘어진 사람은 아픈 것도 잊고 창피해 하지만, 사실 다른 사람들은 무슨 일이 일어났는지도 모른다. 이 역시 조명 효과의 영향이다.

유명인이 아닌 다음에야 일반인들은 생각만큼 그렇게 큰 주목을 받지 않는다. 다만 이를 이용해 타인의 호감을 얻어낼 수는 있다. 어떠한 관계에서든 최종 목표를 달성하려면 충분한 '예열'이 필요한데, 바로 상대방에게 '단독 조명'을 밝게 비춰주면 된다. 상대방을 돋보이게 할 만한 이야기를 화제 삼아 그에게 말할 기회를 주고, 당신은 관객으로서 그 사람의 말을 귀담아 듣는 것이다. 그러면 그 사람은 마치 무대 한가운데 서서 조명을 받는 듯한 기분에 빠지고, 자신의 말에 스스로 도취된다. 이렇게 상대방의 관심사에 귀 기울이고 공감하면서 심리적 거리를 좁히는 전략은 당신이 목표를 좀 더 쉽게 달성할 수 있게 해줄 것이다.

어떤 사람과 어울릴 때, 그와 무슨 말을 어떻게 할지 걱정하는 경우가 많은데, 그럴 필요 없다. 기분을 좋게 해주느라 마음에도 없는 칭찬이나 감탄을 늘어놓지 않아도 된다. 그저 상대방을 무대에 올려놓고 조명을 비춰주기만 하면 되는 것이다.

대화를 나눌 때는 대부분의 사람이 조명 효과의 영향을 받는다는 사실을 기억하고, 적당한 때에 그 심리적 욕구를 만족시켜주도록 하자. 그러면 사교 효율이 크게 높아져 짧은 시간 안에 깊은 우정을 쌓을 수 있다. 반대로 상대방의 주목받고 싶은 심리를 무시하면 당신의 사교는 분명히 큰 난관에 부딪히게 될 것이다.

더 가까워지고 싶을수록
적당한 거리를!

고 슴 도 치   효 과

사람과 사람 사이의 거리는 물리적으로는
살짝 멀고 심리적으로는 이보다 가까울
때가 가장 좋다.

한 동물학자가 고슴도치의 생활습관을 연구했다. 그는 차가운 겨울밤, 십여 마리의 고슴도치를 실외에 두고 관찰하기 시작했다. 너무 추워서 벌벌 떨던 고슴도치들은 온기를 느끼기 위해 천천히 서로를 향해 움직였다. 하지만 너무 가까워지면 온몸에 난 가시가 서로를 찔렀다. 깜짝 놀라 서로에게서 떨어진 고슴도치들은 추위를 이기지 못하고 다시 조심스럽게 다른 고슴도치들 가까이 다가갔다. 하지만 이번에도 가시 때문에 뒷걸음질을 쳐야 했다.

고슴도치들은 온몸이 얼어버릴 것 같은 추위와 가시에 찔리는 아픔을 견디면서 이 과정을 몇 번 더 반복했다. 그리고 마침내 가장 적당한 거리, 즉 서로 온기를 주고받으면서도 상대방을 찌르지 않는 거리를 찾아냈다. 이것이 바로 심리학에서 말하는 '고슴도치 효과(Hedgehog's Effect)'다.

고슴도치 효과 이론에 따르면 고슴도치뿐 아니라 사람과 사람 사이에도 일정한 '심리적 거리'가 필요하다고 한다. 혹시 이 거리를 지키지 못해 가장 친한 친구를 잃었던 경험이 있지 않은가? 단순히 연락이 끊기거나 왕래가 없어진 것이 아니라 아예 남보다 못한 원수 사이가 되지는 않았는가? 그렇다면 왜 이런 일이 일어났는지 알고 있는가? 사실 이유는 생각보다 간단하다. 바로 둘 사이가 너무 가까웠기 때문이다!

아름다운 그림을 그리는 데 꼭 필요한 원근감이라는 기법은 인간관계에서도 매우 중요한 요소다. 친구를 사귈 때는 공동의 취미와 취향, 관심사와 함께 각자의 사적 공간이 반드시 필요하다. 친하다는 이유로 사적 공간 없이 어울리는 시간이 길어지면 서로 예민해질 수밖에 없다. 이때는 서로에게 더 큰 상처를 주지 않기 위해 서둘러 적당한 거리를 찾아야 한다.

여자는 태생적으로 감성적인 동물이다. 특히 타인과의 관계를 이성적인 사고보다 주관적인 감정에 근거해 판단하며, 친구라면 반드시 조금의 틈도 없이 긴밀하게 연결돼 있어야 한다고 생각하기 쉽다. 그래서 사적으로 친한 회사 동료와의 친분을 회사 안에서까지 과시하거나 친한 친구에게 일어나는 모든 일을 다 공유해야 한다고 여긴다. 그러다 친구가 더는 참지 못하고 거리를 두면서 멀어지면, 그제야 자신의 우정이 상대방을 숨 막히게 했다는 것을 눈치 챈다.

　서로 모르는 게 없을 정도로 너무 가까운 사람들 사이에는 신선함이나 비밀, 사생활 따위가 없다. 그러니 '안개 속에서 꽃을 보고 물속에서 달을 보라'는 옛말처럼 대상을 너무 가까이서 속속들이 관찰하려 하지 말며, 적당한 거리를 둘 줄 알아야 오래도록 아름다운 관계를 유지할 수 있다.

　원근감이 그림을 더 아름답게 만드는 것처럼 사람 사이의 거리는 관계를 더 안전하게 보호한다. 서로를 향한 감정은 삶을 더 풍요롭게 하는 자양분이 되기도 하지만, 반대로 씻을 수 없는 상처를 만들기도 한다. 물보다 진하다는 혈육의 정이든 죽음을 맹세한 사랑이든 모든 관계가 그렇다. 사람과 사람 사이는 너무 가까우면 상대방을 가시로 찔러 아프게 할 수 있음을 명심하자.

　물론 거리가 너무 멀어도 우정을 유지하기가 쉽지 않다. 결국 관건은 그 '적당한 거리'를 찾아내는 일이다. 흔들리지 않는 우정을 유지하며 고독하게 살지 않으려면 멀지도 가깝지도 않은 적당한 거리를 찾고, 그것을 유지하기 위해 노력해야 하는 것이다.

성공도 실패도
디테일에 달려 있다

세 부 묘 사 　 효 과

상대방의 세심한 배려는
머릿속에 아로새겨져 잊을 수 없는
선명한 기억으로 남는다.

오늘날 사교 능력은 이미 그 사람의 역량을 평가하는 중요한 기준 중 하나이며, 거의 모든 분야, 모든 업종을 막론하고 중요하게 여겨진다. 대인관계가 원만하고 처세를 잘하는 여자들은 여자만의 타고난 세심함을 사교에 십분 활용한다. 그녀들은 다른 사람이 무심코 보아 넘기는 디테일에 주목해 사교 효율을 높이고 목적을 이룬다.

한 회사에서 엔지니어를 한 명 뽑는 데 수십 명의 지원자가 몰렸다. 회사는 그중 몇 명을 선발해 면접을 봤는데, 그중 여자는 한 명뿐이었다. 이 회사의 최종 면접 방식은 조금 특별했다. 최종 면접까지 올라온 지원자들에게 회사를 견학하게 한 후 각자 하고 싶은 이야기를 하게 하는 방식이었다. 회사 견학을 마친 지원자들은 대부분 회사를 둘러본 소감과 함께 회사의 규모나 비전, 책임감 등에 대해 이야기했는데, 내용은 서로 비슷비슷했다. 며칠 후, 회사는 단 한 명이었던 여자 지원자를 선발했다. 그녀가 합격한 이유는 단순했다. 탕비실을 둘러볼 때 오직 그녀만이 물이 떨어지고 있는 수도꼭지를 잠갔던 것이다.

이것이 바로 디테일의 힘이다. 우리는 길거리에서 수많은 행인을 지나치는 것처럼 삶 속에 가득한 디테일들을 인식하지 못하고 살아가다가 어느 순간 눈에 들어오는 특정한 디테일에 크게 감동받곤 한다. 이 감동은 마치 낙인이라도 찍힌 듯 머릿속에 아로새겨져 잊을 수 없는 선명한 기억으로 남는다. 디테일은 보이지 않을 정도로 작지만, 그것이 지닌 힘은 상상을 훨씬 뛰어넘는다.

마케팅 심리학에 따르면 사람들은 세부사항이 묘사된 구체적이고 상세한 설명을 들었을 때 주어진 상황을 좀 더 쉽게 파악하고 훨씬 잘 받아들인다고 한다. 이런 이유로 물건을 팔 때 상품에 대해 포괄적으로 묘사하지 말고, 최대한 세부적으로 묘사하고 내용을 제시하라고 조언한다. 이를 '세부묘사 효과(Unpacking Effect)'라고 하는데, 대인관계에 적용하면 사교 중에 보이는 수많은 디테일에 주의를 기울이기만 해도 쉽게 호감을 얻을 수 있다는 이야기가 된다.

세부묘사 효과를 활용하기 위한 가장 좋은 단서는 상대방의 외모나 차림새, 언행 등에서 찾을 수 있다. 외모나 차림새, 언행 등에는 그 사람의 성격, 품성, 태도 등 다양한 정보가 숨어 있다.

프랑스 파리 중심가에 있는 힐튼호텔에 한 미국인 고객이 들어왔다. 우아하고 고급스러운 옷차림에 몸짓 하나하나에서 교양이 배어 나와서 언뜻 봐도 상류층 여성임을 짐작할 수 있었다. 이 고객은 체크인을 하고 숙소에 짐을 내려놓자마자 바쁜 일이 있는지 곧바로 외출을 했다.

그날 호텔의 당직 매니저는 매우 세심한 사람이었다. 그는 잠깐 마주쳤지만 미국에서 온 이 '귀빈'을 눈여겨보고 기억했다. 그리고 고객이 외출한 사이에 객실 담당 직원들에게 방안의 커튼, 카펫, 침대 시트 등을 모두 짙은 붉은색으로 바꾸라고 지시했다.

그날 저녁, 호텔로 돌아온 고객은 분위기가 확 바뀌어 있는 방을 보고 의아해하며 그 이유를 물었다. 그때 매니저는 이렇게 대답했다. "오전에 로비에 들어오실 때 구두, 가방, 옷이 전부 붉은색 계열인 걸 보고 고객님께서 좋아하시는 색이라고 생각했습니다. 파리에 오셔서 바쁜 일정을 보내시는데, 별건 아니지만 이렇게라도 돕고 싶었습니다. 호텔에 머무실 동안만이라도 편안하게 쉬셔야죠. 저희 호텔은 고객님이 집에 계신 것처럼 편히 쉬시길 바랍니다. 마음에 드실지 모르겠네요!" 손님은 크게 만족하며 가방에서 수표책을 꺼내 이 매니저에게 1만 프랑의 팁으로 건넸다.

이 매니저는 디테일에 집중해 고객의 성향을 파악하고, 이를 기회로 삼았다. 다행히 전략이 적중한 덕에 고객의 호감을 얻고 호텔의 명성을 높이는 데 공헌할 수 있었다.

이렇듯 만나는 사람들의 디테일에 주목하고, 그 디테일을 활용하면 더 쉽게 사교의 목적을 달성할 수 있다. 경영이나 마케팅 분야에서는 '디테일이 성공과 실패를 결정한다'고 하는데, 이 말은 대인관계에도 그대로 적용된다. 사소하지만 중요할 수도 있는 단서들을 놓치지 않고 잘 다루면 자신이 얼마나 세심하고 자상한 사람인지 드러낼 수 있다. 디테일은 어디에나 있고, 아주 작은 것이라도 커다란 영향력을 발휘한다.

디테일을 대인관계에 활용하고 싶다면 다음을 기억하자.

우선, 예의를 갖춘다. 예의는 대인관계에 있어서 일종의 윤활유 역할을 한다. 즉, 감정적 유대를 강화하고, 사람과 사람 사이를 이어준다. 예의가 몸에 밴 사람은 누구에게나 호감을 얻는다. 반면 무례하고 거만한 사람은 아무리 옳은 말을 해도 들으려는 사람이 없다. 애초에 교류할 기회가 없기에 마음을 터놓고 소통하는 것은 당연히 불가능하다. 단언컨대 예의 바른 사람을 싫어하거나 멀리하려는 사람은 없다. 상대방이 아무리 화가 나 있거나 슬픈 상황이라도 당신이 예의를 갖춰 행동하면 마음이 풀려 흥분을 가라앉히고 이야기를 나누고자 할 것이다. 예의가 몸에 밴 사람이 늘 좋은 인연을 만나고 인간관계가 좋은 까닭은 다 이런 이유 때문이다.

웃는 얼굴은 보는 사람까지 즐겁게 만든다. 또 사람과 사람 사이의 심리적 거리를 좁혀주며, 교류와 소통이 자연스럽게 이뤄지도록 한다. 이처럼 미소는 디테일 전략에서 빼놓을 수 없다. 온화하고 옅은 미소는 웃는 얼굴 중에서도 가장 자연스러우며, 사교를 위한 최적의 표정이다. 실제로 전 세계 모든 민족이 미소를 '가장 선량하고 친근한' 표현이라고 인식한다고 한다.

사교에서도 미소는 의심할 바 없이 명확하게 작용한다. 물론 양쪽 입꼬리만 한껏 올린다고 될 일은 아니다. 진심에서 우러나 솔직한 감정을 담은 미소여야 한다. 겉과 속이 다른 가식적인 미소는 오히려 부정적으로 작용할 수 있다. 조금의 포장도 없는 꾸밈없는 미소만이 진실한 감정을 전달할 수 있으며, 관계를 발전시키는 일종의 '프리패스' 역할을 한다.

그리고 작은 일들을 양보하도록 한다. 의외라고 생각할 만한 '작은 일'들을 양보하면, 상대방은 당신을 다시 볼 것이다. '작은 일'이란, 상대방에게 이로운 일, 상대방이 종종 그냥 넘어가는 일, 깜짝 놀랄 만큼 뜻밖의 일 등을 말한다. 사교 중에 일상의 작은 일을 양보하는 행위는 긍정적이고 멋진 이미지를 형성하는 데 도움이 된다. 좋은 인상을 남기고 호감을 얻기 위한 한 수라고 할 수 있다. 이런 의외의 모습들이 차곡차곡 쌓이면 그 관계는 점점 더 돈독해지게 된다.

그의 우상을
당신의 조력자로 삼으라

유 명 인　효 과

사람들은 유명한 사람이 하는 말을
더 잘 믿고 따르는 경향이 있다.

인기 배우와 친분이 있는 사람, 평소 모 기업의 대표와 식사를 함께하는 사람, 어느 유명인과 동창인 사람…, 이런 사람을 만났을 때 그가 아는 '유명인'에 대해 이것저것 물어본 적이 없지 않을 것이다. 작은 것 하나라도 말이다. 물론 상대방이 언급한 그 유명인에게 전혀 관심이 없을 수도 있다. 하지만 이후에 만났을 때 당신은 분명히 유명인을 언급한 그 사람을 기억할 것이다.

사람은 유명인이 하는 말과 행동을 쉽게 믿고, 심지어 그들의 심리 상태까지 모방한다. 유명인은 일종의 브랜드처럼 그 자체로 영향력이 크기 때문이다. 따라서 대화 중에 유명인에 대해 언급하면 상대방의 주의를 끌고 대화를 자연스럽게 이어나갈 수 있다.

일상에서 이런 일은 정말이지 너무나 흔하다. 어떤 사람들은 아는 유명인의 명성을 빌려 자신의 몸값을 올리는 '유명인 효과(Celebrity Effect)'를 사회생활을 하는 데 이용하기도 한다. 유명인 효과를 이용하면 상대방과의 거리감을 줄이고 목적을 달성하는 데 유리하다. 어쩌면 유명인을 언급하면 '자랑이나 허세로 보이지 않을까?' 하고 신경 쓰거나 혹은 '나는 아는 사람이 없어서…'라고 생각하는 독자가 있을지도 모르겠다. 그렇다면 다음의 방법들을 힌트로 삼아보자.

유명인 효과를 이용할 때는 그 유명인을 간접적으로 언급하는 것이 좋다. 맥락도 없이 '내가 ○○를 아는데…'로 이야기를 시작하면 상대방이 거부감을 일으킬 수 있다. 그러므로 대화 중에 자연스럽게 지나가는 말처럼 언급하는 편이 훨씬 효과적이다. 예를 들어 상대방이 농담을 던지면 "정말 재밌네요. 제 주위에서는 ○○가 제일 웃기는 줄 알았는데, 여기 더 재밌는 분이 계셨네요!"라고 말하는 식이다. 그러면 상대방은 아마도 흥미를 느끼고 "어머, 그분을 아세요?"라고 물을 것이고, 그 유명인 이야기를 시작으로 대화를 이어가면 된다.

또 누군가를 만났을 때 담백하게 "안녕하세요! 뵙게 되어 반갑습니다. ○○ 씨께 말씀 많이 들었습니다!"라고 인사하는 것도 좋

다. 상대방은 당신이 말한 사람 이름을 듣고 반가워하거나 ○○
씨가 누구냐고 물을 것이고, 그러면 대화가 자연스럽게 이어질
것이다.

스스로 유명인이 되는 방법도 있다. "안녕하세요! 저는 주식회
사 ○○의 마케팅팀장 ○○○입니다. 저희는 전문 인재를 양성해
필요한 기업에 소개하고 있습니다. 현재 다른 도시 두 곳에도 지
점을 두고 있으며, ○○○, ○○○ 등 주요 고객사에 다양한 서비
스를 제공하고 있습니다."

이 경우 화자는 믿을 만한 정보를 제공함으로써 자신과 회사가
해당 분야에서 유명인임을 드러냈다.

유명인 효과는 남의 유명세를 악용하거나 인맥을 자랑하는 수
준 낮은 행위와는 구별되어야 한다. 느닷없이 자신이 어떤 유명
인과 아주 친하다고 말하거나, 그 유명인이 자신을 무척 믿는다
고 떠벌리는 것은 바보 같은 짓이다. 그렇게 해서는 상대방으로
부터 인정받지도, 호감을 얻지도 못한다. 오히려 상대방이 당신
을 싫어하게 될 수도 있으므로 거부감이 들지 않는 선에서 자연
스럽게 활용하길 권한다.

Women's Psychology 3
일상생활

여자의 인생은 처음부터 끝까지
심리전의 연속이다

살다 보면 누구나 한 명 혹은 그 이상의 경쟁자나 적수를 만나게 된다. 어쩌면 지금도 그 때문에 골치가 아픈 사람이 있을지도 모르겠다. 경쟁이라는 것을 안 하고 살 수 있다면 좋겠지만, 이 또한 삶의 한 측면이다. 또 경쟁자나 적수가 없다는 것은 사람들의 주목을 받지 못하고 가치가 폄하되었으며, 목표가 없다는 의미일 수도 있다.

누군가와 실력을 겨룰 때는 충동적으로 움직이거나 순간의 화를 참지 못해서 자신을 있는 그대로 드러내면 절대 안 된다. 상황에 적합한 심리 전략을 준비해 때를 기다리고, 가장 중요한 순간에 승리를 거둘 수 있게 해야 한다!

날선 심리전에서
똑똑함을 감추는 지혜

당신이 강하면 강할수록 상대방은 더 열심히
경쟁에 임할 것이고, 그러면 싸움은 점점 더
치열해질 것이다.

대부분의 사람은 누군가와 경쟁하거나 실력을 겨룰 때 자신의 가장 강하고 우월한 면을 드러내야 한다고 생각할 것이다. 그래서 사람들은 늘 강자가 되어 자신의 지위를 공고히 하려고 한다. 그래야 무시당하지 않고 원하는 걸 얻을 수 있다고 생각하기 때문이다.

하지만 그렇게 하면 오히려 상대방을 자극해 역효과를 불러올 수 있다. 당신이 강하면 강할수록 상대방은 더 열심히 경쟁에 임할 것이고, 그러면 그 싸움은 점점 더 치열해질 것이다. 반대로 상대방에게 약한 모습을 보이면 그는 경계심을 풀고, 이로써 당신은 더 많은 기회를 얻을 수 있게 된다.

우리가 살아가는 세상은 어떤 면에서는 전쟁터와 같다. 대인관계에 있어서도 마찬가지다. 이런 전쟁터 같은 다양한 관계 속에서 현명한 여자들은 적당하게 '약한 모습'을 보일 줄 안다. 약한 모습을 보인다는 것은 당신이 얼마나 무능한 사람인지 알리는 행위가 아니다. 오히려 갈등을 없애고 부드러움으로 강한 것을 이기는 묘수 중의 묘수다. 특히 자신의 무지를 인정하면서 더 많이 배우려 하고 다른 사람에게 물어보는 태도는 성공한 사람들이 가진 자질이기도 하다. 더 멀리 뛰기 위해 몸을 움츠리고, 물러남으로써 한 발짝 더 나아가며, 정(靜)으로 동(動)을 제압한다면 당신은 마지막에 웃는 사람이 될 수 있을 것이다.

여기서 말하는 '약한 모습'이란 진짜로 약한 부분을 드러내거나 눈물을 보이면서 동정심을 유발한다는 의미가 아니다. 이는 일종의 심리 전술로, 대인관계에서 원하는 걸 얻어내는 방법 중 하나다. 옛말에 "무른 칼이 사람을 벤다"라는 말이 있는데, 이와 같은 의미다.

그런데 약한 모습을 보일 때는 신중해야 한다. 지금 당신이 어느 정도 성과나 실적을 올렸다면 이미 강력한 경쟁 상대로 주목받고 타인의 표적이 되었을 확률이 높다. 이럴 때는 최대한 경쟁 상황을 피하고 물러나야 한다. 그리고 이때 약한 모습을 보이는 전략을 이용하면 좋다. 잘하는 부분이 있어도 너무 드러내지 말고, 오히려 자기가 잘하지 못하는 부분을 부각하면 된다. 우스꽝스러운 실수나 난처했던 경험을 말하는 것도 좋다. 또 잘한 일이 있으면 겸손하게 '그저 운이 좋았을 뿐'이라고 말하자. 어디서나 실력을 뽐내며 경쟁하려고 하면 적들이 우글거리는 불구덩이로 뛰어드는 것과 마찬가지이기 때문이다.

마찬가지로 사람들은 너무 똑 부러지는 사람을 보면 '혹시 무슨 다른 목적이라도 있는 건 아닌가' 싶어 경계하고 '뭔가 기회를 노리고 있다'고 미루어 짐작하는 심리가 있다.

이럴 때 역시 일부러 적당히 어리석어 보이게 행동하는 편이 좋다. 이는 약자의 역할을 자처함으로써 상대방이 자신을 덜 경계하게 하고 편하게 다가올 수 있도록 하는 방법으로, 관계를 발전시키는 데 있어서 무척 유리한 전략이다.

사람이 제아무리 똑똑할지라도 그걸 다른 사람들 앞에서 있는 그대로 드러내면 독이 된다. 아무리 능력이 뛰어나도 그것을 과시해서는 안 되며, 때에 따라서는 어리석은 척할 줄도 알아야 한다. 혼자 고립되어 살기를 원하는 게 아닌 이상은 말이다.

원래 모든 사람은 크든 작든 자신을 드러낼 무대가 있기를 바란다. 그러니 혼자만 나서지 말고 다른 사람에게도 재능을 드러낼 기회를 주어야 한다. 만약 그 기회를 박탈한다면 상대방은 당신을 배척하고 따돌리려고 할 것이다. 어리석은 척 구는 것이야말로 진정으로 현명한 처세이며, 그래야 사람들이 당신을 더 친근하게 느끼고 쉽게 받아들일 것이다.

당신에게 쉬운 일이 타인에게도 쉬우리라는 법은 없다. 공자는
"아는 것을 안다고 하고, 모르는 것을 모른다고 하는 것이 참으로
아는 것이다"라고 했지만, 살다 보면 알아도 짐짓 모르는 척해야
할 때도 있다. 타인에게 실력을 드러낼 기회를 주고, 설령 당신만
큼 잘해내지 못하더라도 너그럽게 인정하고 긍정적으로 반응해
야 한다. 모든 일을 혼자 도맡아 하고, 혼자 두드러지면 자신의 허
영심을 만족시킬 수 있을지 모른다. 그러나 다른 사람의 열등감
도 그만큼 커지고, 결국 그 불똥이 당신에게 튈 수도 있다.

어리석게 구는 전략은 생각보다 많은 효과가 있다. 똑똑한 사
람 앞에서는 상대방의 경계심을 줄이고, 어리석은 사람에게서는
인정을 받을 수 있다. 상사는 당신을 경계하지 않고, 동료들은 시
기하지 않으며, 후배들은 친근하게 다가올 것이다. 물론 실력과
재능을 발휘해야 할 때는 반드시 전력을 다해 맡은 일을 멋지게
완수해야 한다.

어리석게 구는 데도 기교가 필요하며, 제대로 마스터해 상황에
맞게 적용하지 않으면 거꾸로 당할 수 있으니 조심해야 한다. 최
고의 기교는 어리석게 구는 와중에 조금씩 범상치 않은 능력을
보여주는 것이다. 이렇게 하면 조용히 실력을 발휘하면서 티 나
지 않게 일과 주변 사람들에게 영향을 미칠 수 있다.

똑똑하지만 왠지 모르게 손해를 보며 사는 여자들에게 필요한

것은 원만한 처세다. 이럴 때는 반만 열고 반은 닫으며, 반만 알고 반은 모르는 것처럼 행동할 필요가 있다. 이렇게 어리숙하니 행동하는 지혜를 발휘하는 여자는 일과 생활에서 모두 수월하게 원하는 것을 얻을 수 있다.

진짜 실력은
결정적인 순간을 위해 아껴둔다

실력을 기르면서 조용히 때를 기다렸다가
가장 중요한 순간에 그 실력으로 상대를 제압하는
방법이야말로 가장 수준 높은 처세술이다!

우리가 살아가는 사회 곳곳에서는 이익이 충돌하고 치열한 경쟁
이 펼쳐지고 있다. 우리 모두에게는 복수의 경쟁자 혹은 적수가
있다. 이런 경쟁 구도 속에서 큰 그림을 볼 줄 아는 현명한 여자들
은 절대 가볍게 굴지 않는다. 그녀들은 먼저 실력을 차곡차곡 쌓
으며 참고 견디다가 가장 결정적인 순간에 자신의 진짜 모습을
드러내 경쟁자를 속수무책으로 만든다.

상대적으로 더 감성적인 여자들은 선혈이 낭자한 경쟁의 장에
서 쉽게 지치고 부정적인 감정을 더 잘 느끼기 때문에 되도록 경
쟁을 피하려고 한다. 하지만 사회적 존재로 살아가면서 경쟁을

완전히 피하기란 쉽지 않은 일이다. 그러니 좀 더 현명하게 싸우는 방법을 익혀야 한다.

이때 가장 효과적인 방법은 바로 기회를 엿보는 것이다. 아직 자신의 날개가 단단하지 않다고 여긴다면 몸을 더욱 웅크린 상태에서 실력을 키우고 에너지를 비축하면서 때를 기다려야 한다.

고대 중국의 처세법 중에는 '대지약우(大智若愚)'라는 것이 있다. '크게 지혜로운 사람은 어리석어 보인다'는 뜻으로, 대인관계에서는 '실력을 기르며 때를 기다리는 자세'로 해석할 수 있다. 뛰는 놈 위에 나는 놈 있다고 한다. 스스로 자신이 매우 똑똑하고 잘났다고 생각할지라도 숨은 고수들이 보기에는 어린애 장난 같아 보일 수 있고, 공자 앞에서 문자를 쓴 격으로 웃음거리가 될 수도 있다.

경쟁에서 가장 중요한 전략은 창끝을 보이지 않는 것이다. 창끝을 노출해서 상대방에게 당신의 전력을 드러내게 되면 곧 위기가 찾아올 것이기 때문이다.

또 경쟁을 할 때는 낮은 자세로 차분하게 실력을 키워야 한다. 목표를 세우고 그것을 달성할 때까지 쉬지 않으면서 모든 자원을 동원해 중요한 때를 준비해야 한다. 이런 자세를 갖추지 못한다면 많은 공을 들이고도 아무것도 이루지 못하게 될 것이다.

그렇다고 혼자 모든 일을 감당하라는 말은 아니다. 모든 일에는 정도가 있으니 숨김과 드러냄 사이에서 적당한 균형을 찾아야 한다!

멋진 인생은 적을 줄이고
친구를 늘려가는 과정이다

적에게 먼저 손을 내밀어 덕으로 원수를 갚는다면
그를 친구로 삼는 것도 불가능하지 않다.

사회에서 성공하고 이름을 알리려면 다양한 종류의 지혜를 갖춰야 한다. 예컨대 사업하는 사람은 성공의 기회를 알아보는 지혜를, 사회인으로서는 좋은 인연을 알아보는 지혜를 길러야 한다. 이런 지혜들은 매우 많은 순간 필요하기에 부족하거나 없으면 낭패를 보기 쉽다. 그중 사람들이 그 중요성을 간과하는 지혜가 하나 있다. 그것이 없더라도 생활하는 데 큰 지장이 있는 것은 아니지만, 있으면 삶에 날개를 달아주어 훨씬 수월하게 성공을 향해 나아갈 수 있다. 그것은 바로 '포용심'이다.

"입을 열면 오직 웃음뿐이니 옛날에도 웃고 있었고 지금도 웃고 있노니 모든 일을 웃음에 부치노라. 대범하여 능히 수용하니 하늘의 잘못도 담아내고 땅의 실수도 수용하거늘 어찌 사람을 용서하지 못하랴."

〈미륵어록〉에 나오는 이 말은 '포용심'에 대해 잘 보여준다. 적에게 먼저 손을 내밀어 덕으로 원수를 갚는다면 그를 친구로 삼는 것도 불가능하지 않다는 의미일 것이다.

1944년, 귀가 떨어져 나갈 것같이 추운 겨울의 모스크바. 눈발이 날리는 추운 날씨였지만 사람들은 따뜻한 집을 두고 모두 거리로 나왔다. 침략 전쟁을 일으켰던 독일군 전쟁포로들이 재판을 받기 위해 이동하는 날이었다. 시민들은 전쟁포로 2만 명이 줄지어 모스크바 거리를 가로지르는 모습을 지켜보고 있었다.

군중과 전쟁포로들 사이에는 혹시 모를 불상사를 막기 위해 소련군 병사와 경찰이 총동원되어 경계를 서고 있었다.

군중은 대부분 모스크바와 주변 농촌의 부녀자들로, 그들의 아들, 남편, 아버지 들은 대부분 독일군이 일으킨 전쟁에 나가 다치거나 죽었다. 이 전쟁의 직접적인 피해자인 그들의 눈에는 증오와 복수심이 가득 차 있었다.

전쟁포로 행렬이 눈앞을 지나갈 때, 군중의 몇 사람이 울분을 참지 못하고 경계선을 넘으려고 했다. 다행히 소련군 병사와 경찰이 있어서 큰 충돌은 일어나지 않았다.

포로들도 군중 속에서 누군가가 달려 나와 해코지를 할까봐 두

려워하며 고개를 푹 숙인 채 걷고 있었다.

이때 낡은 행색의 할머니 한 분이 경찰에게 다가가더니 포로들에게 가까이 가고 싶다고 말했다. 경찰은 그녀에게 아무런 악의가 없음을 몇 번이나 확인한 후 포로들에게 다가갈 수 있게 했다.

할머니는 한 포로에게 다가가더니 주름 가득한 손으로 들고 있던 바구니에서 따뜻한 빵 한 덩이를 꺼내 그 포로의 주머니에 넣어주었다. 젊은 포로는 멍하니 할머니를 바라보다가 흐느끼기 시작했다. 그는 양쪽 겨드랑이에 끼고 있던 목발을 내려놓고 털썩 소리를 내며 땅에 무릎을 꿇고 앉아 몇 번이나 고개를 숙였다. 이 모습을 본 다른 포로들도 모두 땅바닥에 주저앉아 군중을 향해 연신 고개를 숙였다.

그 순간, 분노와 적대감으로 가득했던 거리의 공기가 완전히 바뀌었다. 부녀자들은 눈앞에 펼쳐진 광경에 깊이 감동했고, 어디선가 빵이나 담배를 가져 와 포로들에게 건넸다.

이 이야기는 옛 소련의 작가 옙투셴코가 쓴《미리 쓰는 자서전》에 등장하는 이야기다. 옙투셴코는 이 이야기의 마지막에 이렇게 썼다. "그 선한 할머니 한 분이 찰나의 순간에 보여준 관용은 군중을 가득 채웠던 복수심을 녹였다. 그리고 그 자리를 다시 사랑과 평화로 채웠다."

이야기에 등장한 할머니는 원수를 덕으로 갚은 현명한 사람이다. 그녀는 자신의 가족을 죽인 독일군을 향한 증오심을 선함으로 바꾸었고, 분노로 가득 찬 다른 피해자들에게서까지 관용을 이끌어냈다.

상대방에게 포용심을 베풀면 당신 자신에게도 유리할 수 있다. 당신이 베푼 포용심은 상대방에게 기회를 줄 뿐 아니라 훗날 당신에게도 새로운 기회로 돌아올 것이다.

때때로 사람들은 자신뿐 아니라 타인의 작은 티끌도 용납하지 않는 경우가 있다. 특히 상대방의 실수나 잘못을 그냥 넘기지 않고 일일이 따지고들기도 한다. 그러나 '급해지면 토끼도 사람을 문다'고 했다. 퇴로 하나 남겨두지 않고 상대방을 심하게 압박하거나 몰아붙이면 퇴로가 없는 상대방은 당신에게 더 거칠게 반격하는 것 외에는 다른 선택이 없게 된다.

물론 경쟁자나 적에게 포용심을 베푸는 일이 말처럼 쉬운 것은 아니다. 어떤 경우에는 아주 고통스러운 대가를 치러야 할 수도 있다.

한 가지 분명한 것은 관용은 아주 훌륭한 미덕이라는 사실이다. 우리는 감정을 억누르고 깨어 있는 두뇌로 충동을 제어하는 법을 배워야 한다. 포용심을 베풀어 상대방이 빠져나갈 퇴로를 만들어주어야 한다.

이렇게 적을 친구로 삼으면 삶의 스펙트럼이 넓어지고, 더 큰 마음으로 세상을 바라볼 수 있게 된다. 당신이 먼저 손을 뻗으면 가슴에 맺혀 있던 응어리가 순식간에 사라질 것이다. 무엇보다 좋은 것은 적이 한 명 줄어들고, 친구가 한 명 늘어난다는 점이다. 조금 더 적극적으로 관용을 베풀고 적을 포용하도록 하자.

이때 중요한 것은 마음을 다해 용서하는 것이다. 여기에서 말하는 포용심이란 아무 원칙도 없이 그냥 물러나라는 말이 아니다. 포용의 밑바탕에는 반드시 진심이 담겨 있어야 한다. 포용은 적대시하거나 적당히 대하는 것이 아니며, 마음을 다해 상대방의 입장에서 문제를 바라보고, 수용하고, 화해하는 것이다.

포용심은 망각이다. 누구에게나 자기만의 고통과 상처가 있는데, 옛 상처 위에 새로운 상처가 끊임없이 더해져 그 상처는 좀처럼 낫지 않는다. 그러니 어제의 시시비비를 잊고 타인이 내게 준 상처를 잊자. 망각할 줄 아는 사람만이 따사로운 햇볕 아래서 즐겁게 살아갈 수 있기 때문이다.

이처럼 적도 친구가 될 수 있다. 우리 삶은 결국 적을 줄이고 친구를 늘려가는 과정이다. 마음이 통하는 친구가 있어야 고독과 적막에서 벗어나 언제나 밝고 따뜻하게 살아갈 수 있다.

나만 이기는 것은
진짜 이기는 것이 아니다

윈 윈 전 략   효 과

|

자신의 이익만 위하고 상대의 이익을 무시하면
신뢰와 호감을 얻기 어렵다. 그렇게 쟁취한 승리는
사실 실패에 가깝다.

'윈윈 전략(Win-Win Strategy)'은 원래 한 기업과 경쟁 기업 모두
이익이 되게 하는 경영전략을 말하지만, 우리 생활 전반에 두루
적용할 수 있는 삶의 기법이기도 하다. 예를 들어, 버스를 탈 때
양보하지 않고 서로 먼저 타려고 하다 보면 타는 시간이 지체될
뿐만 아니라 위험한 상황이 벌어질 수도 있다. 반대로 질서를 지
켜 줄을 서서 순서대로 타면 시간도 절약되고 모두가 안전하게
탈 수 있다.

누군가와 경쟁하는 과정에서 절대 양보하지 않고, 심한 경우
상대방과 회복될 수 없는 지경까지 논쟁을 벌이는 사람들이 있

다. 그러나 그렇게 해서 승리를 쟁취하더라도 그 승리는 멀리 보면 실패에 가깝다. 자신의 이익만 위하고 상대의 이익을 무시하면 신뢰와 호감을 얻기 어렵기 때문이다. 경쟁을 하더라도 승리와 패배가 명확하게 판가름 나는 것은 바람직하지 않다. 최선의 결과는 윈윈, 바로 서로가 다 좋아야 진짜 좋은 것이다.

현명한 여자들은 경쟁하면서도 윈윈 전략을 잊지 않고 서로에게 유리한 방식과 이익을 추구한다. 그래야 그 결과에 대해 모든 사람이 기꺼이 받아들일 수 있기 때문이다.

경쟁은 피할 수 없는 일이고, 결과에 모두가 만족하기는 쉽지 않을 수도 있다. 중요한 것은 어떠한 태도로 경쟁에 임하는가이다. '나도 좋고 너도 좋게'라는 태도로 임해야 가장 이상적인 결과를 얻을 수 있다.

윈윈 전략을 구사할 때 주의해야 할 점이 몇 가지 있다.

우선, 서로 이익의 균형점을 찾아야 한다. 이익의 균형은 교류의 기초이자 상대방을 움직이게 하는 힘이다. 여기에는 당연히 양보가 필요하며, 서로 어느 정도 양보할 때 대승적 결과를 얻을 수 있다. 양보하지 않고 그저 밀어붙이기만 하면 얼굴을 붉힐 때까지 논쟁만 하다가 양측 모두 아무것도 손에 넣지 못하게 되기 십상이다.

더불어 조금 더 멀리 보는 눈을 기를 필요가 있다. 타협과 양보로 신뢰를 얻어야 다음을 도모할 수 있음을 명심해야 한다.

상대방 입장에 서보는 것도 중요하다. 영업을 할 때든 일반적인 대인관계에서든 상대방 입장에 서서 말하고 행동하도록 하자. 이렇게 하면 심리적 공감대가 형성되고, 이는 결국 당신 자신에게 도움이 될 것이다.

이때 상대방을 물질적으로도, 정신적으로도 만족시켜야 한다. 사람은 이익을 추구하는 동물이다. 사실 우리가 하는 모든 교류와 사교는 이익 교환의 과정이라고 해도 과언이 아니다. 여기서 말하는 이익 교환에는 물질적인 것뿐만 아니라 정신적인 것, 예컨대 칭찬, 명예 등도 모두 포함된다. 윈윈 전략을 구사할 때 상대방이 이러한 정신적 이익을 얻게 하는 것 역시 중요하다는 것을 잊지 말자.

상대방의 도발에
차분하고 우아하게 대응하는 법

누군가는 당신을 못마땅해 하고
당신을 질투 어린 눈으로 바라보더라도
당신의 가치가 정말 그러한 것은 아니다.

알다시피 사람은 저마다 사고방식과 행동 방식이 모두 다르다. 그렇기에 모두가 나를 좋아할 수 없으며, 나를 싫어하거나 무시하는 사람도 분명히 있을 수 있다. 이는 지극히 정상적인 일로, 화를 내거나 반격할 일이 아니다. 화를 내봤자 나 역시 그 사람처럼 마음이 좁고 얕다는 사실만 증명하는 꼴이다. 경쟁 상황에서 상대방이 도발할 때는 차분하고 침착하게 대응할 줄 알아야 한다.

미국 대선 후보였던 링컨이 선거에서 이기자 상원의원들은 너무도 당황스러웠다. 상류층 명문가 출신인 자신들이 구두수선공의 아들인 링컨을 대통령으로 '모셔야' 한다는 사실을 받아들이기 힘들었기 때문이다.

링컨이 의회에서 연설하는 날, 한 의원이 일어나 거만한 태도로 말했다.

"링컨, 연설 전에 꼭 기억하길 바랍니다. 당신이 이 나라의 대통령이 되기는 했지만, 여전히 우리의 구두를 만들던 구두수선공의 아들이라는 사실을 말이오."

이 말에 다른 의원들은 모두 크게 웃었다. 하지만 링컨은 화를 내거나 반박하지 않고 이렇게 말했다.

"의원님, 연설을 시작하기 전에 제 아버지를 떠올리게 해주셔서 감사합니다. 아버지는 이미 돌아가셨지만, 의원님의 충고를 꼭 기억하겠습니다. 저는 영원히 구두수선공의 아들이니까요. 나의 아버지보다 더 아름다운 구두를 만들 줄 아는 사람은 이 세상에 없을 것입니다. 앞으로 제가 대통령으로서 어떤 정치를 하든 아버지가 구두를 만들었던 것만큼 훌륭하게 해내지는 못할 거라는 걸 저는 잘 압니다."

방금 전까지 크게 웃던 의원들은 링컨의 말에 귀를 기울였다.

"제가 알기로 아버지께서는 여러분이나 여러분의 가족을 위해 신발을 만들었습니다. 만일 아버지가 만든 구두가 발에 맞지 않으면 저에게 알려주십시오. 비록 제가 아버지만큼 실력이 뛰어나지는 않지만, 어릴 적부터 보고 자랐으니 적어도 여러분의 구두를 수선해드릴 수는 있을 겁니다."

링컨은 붉어진 눈으로 의원들을 둘러보고는 다시 한번 힘주어 말했다.

"여기 계시는 의원님들 모두에게 드리는 말씀입니다. 연락만 주시면 언제라도 달려가 부족한 실력으로나마 여러분을 돕겠습니다."

링컨의 말이 끝나자 의회는 정적에 휩싸였다. 그리고 잠시 후 현장은 열렬한 박수 소리로 가득 찼다.

링컨은 거만한 상원의원의 도발을 마주하고도 담담하고 격조 있게 대응했다. 그는 구두수선공이었지만 자신에게는 누구보다도 큰 사람이었던 아버지에 대한 존경심을 표해 의원들을 감동시켰다.

당신도 어쩌면 살면서 누군가의 도발을 마주한 적이 있을 것이다. 그때 당신은 어떻게 반응했는가?

만약 그가 당신을 무시하고 업신여겼더라도 당신의 가치가 정말 그러한 것은 아니다. 중요한 것은 당신이 자신을 어떻게 바라보는가이다. 상대방이 고의로 당신을 모욕하더라도 그 치욕적인 말에 근거가 없다면 화낼 필요가 없다. '네 말 따위는 신경도 쓰지 않는다'는 태도로 담담하고 차분하게 대응하는 모습을 보여 남다른 인격적 매력을 보여주도록 하자. 만약 화를 참지 못하겠다면 자신에게 끊임없이 말해주자. '이렇게 속 좁고 한심한 사람 때문에 내 기분을 망칠 필요는 없어!'라고.

담담하고 차분한 대응, '너의 도발은 내게 아무런 영향을 미치지 못한다'는 태도야말로 가장 확실하고 효과적인 반격이다. 당신이 신경 쓰지 않으면 그의 도발은 공격성을 잃게 된다.

그렇다면 상대방이 도발해올 때 화를 제어하려면 어떻게 해야 할까?

우선 감정을 식히는 방법이 있다. 상대방이 고의로 모욕을 주고 무시하는 데 대해 화를 내지 않기란 쉽지 않은 일이다. 하지만 순간적으로 치솟는 화를 제어하지 못하면 잘못된 결정이나 행동을 할 수도 있다. 그러니 반드시 화를 억누르고 제어해야 한다. 먼저 감정을 식히고 냉정함을 유지하도록 하자.

이때 좋은 방법은 숫자를 세는 것이다. 단, 일반적인 순서가 아니라 나름의 규칙을 정해서 세야 한다. 예를 들어, '3을 더한 수'라는 규칙을 정해 '1, 4, 7, 10…' 식으로 숫자를 세는 것이다. 이렇게 하면 당신의 이성과 사고능력이 곧 제자리로 돌아올 것이다.

주변을 묘사하는 방법도 있다. 눈에 보이는 모든 사물이 묘사 대상이 될 수 있다. '노란색 찻잔', '검은색 두꺼운 스웨터'…. 이렇게 사물의 색깔과 형태를 속으로 묘사하다 보면 어느새 확 끓어올랐던 화가 사그라들고 한결 냉철하게 사고할 수 있게 될 것이다.

상대방이 도발해올 때 화를 제어하는 두 번째 방법은 이성적인 사고로 비이성적인 감정을 대체하는 것이다. 부정적인 감정을 유발하는 것은 당신의 생각이지 타인의 행위가 아니다. 다시 말해 무슨 일이 일어나서가 아니라 당신이 그 사건을 어떻게 해석하는 가에 따라 감정이 달라지는 것이다. 예를 들어, 당신을 무시하는 말을 들으면 당신 자신에게 '내 실력에는 문제가 없어. 그가 한 말은 내게 아무런 영향을 주지 않아!'라고 말해주는 식이다. 이 같은 자기암시는 분노를 없애주고, 자연스럽게 다른 감정으로 대체되도록 한다.

무엇보다 생각은 감정을 이끄는 주된 요소이므로 평소에 내면을 강하게 해둘 필요가 있다. 긍정적이고 건설적인 생각으로 언제 닥쳐올지 모를 모욕과 수모에 대비하자. 예를 들어 수시로 자신에게 다음과 같은 말들을 해주면 된다.

'무슨 일이 있어도 평상심을 유지하고 차분하게 말한다.'

'나는 절대 화를 내지 않겠다.'

'화를 내는 순간, 내 본모습이 드러난다.'

이런 방법들을 숙련되게 활용한다면 그 어떠한 공격에도 무너지지 않고, 상대방의 계략에 말려들지 않을 수 있을 것이다.

심리전에서 여유롭게
기선을 제압하는 법

홈 그 라 운 드 　 효 과

|

교섭이나 협상을 해야 할 때 자신에게
익숙한 곳을 선택하면 주도권을 잡고
성공할 확률이 훨씬 높아진다.

스포츠 경기에는 '홈그라운드 효과'이라는 것이 있다. 월드컵만
해도 프랑스와 잉글랜드 대표팀은 다른 경기에서는 하지 못한 우
승을 홈그라운드에서 벌어진 경기에서 유일하게 따낸 바 있다.
이 밖에 우루과이, 아르헨티나 등도 자국에서 열린 월드컵에서
우승했다. 또 유럽 축구리그에서도 자국에서 경기할 때와 아닐
때의 득점 차이가 큰데, 이 역시 홈그라운드의 이점이 영향을 미
쳤기 때문이다.

　이런 현상은 우리의 일과 생활에도 똑같이 적용된다. 경쟁, 협
상, 교섭, 담판 등 누군가와 실력을 겨루어야 할 때는 익숙한 환경

에서 더 우위를 점할 수 있다는 사실을 반드시 기억하자.

심리학적으로 보았을 때도 익숙한 환경에서는 자신감이 생기고 전체 과정에서 주인이 된 듯한 느낌을 받는다고 한다. 이는 즉, 익숙하지 않은 장소에 놓인 상대방은 당신이 내놓은 조건을 더 쉽게 받아들일 수 있다는 뜻이다. 쉽게 말해서 익숙한 장소에서는 상대방의 기선을 제압하기가 쉽다.

타인에게 부탁이나 요청할 일이 있을 때, 상대방을 자기 집에 초대하는 사람들이 있다. 이 역시 홈그라운드의 이점을 이용하려는 의도다. 당신의 홈그라운드에 발을 들이는 순간, 상대방에게는 한발 물러서려는 심리가 생겨난다. 그러면 이후의 일은 모두 당신이 원하는 대로 진행될 것이다.

성공적인 대인관계는 사람의 마음을 이해하고 정확하게 공략하는 데 달려 있다. 옛말에 "열 길 물속은 알아도 한 길 사람 속은 모른다"고 했다. 상대방의 마음을 꿰뚫어 보는 것은 그만큼 어려운 일이다. 만약 누군가와 실력을 겨루거나 그가 당신이 원하는 대로 움직이기를 바란다면 반드시 당신에게 익숙한 장소를 선택해야 한다. 그래야 심리적으로 상대방을 제압하고 그의 마음을 들여다볼 여유가 생겨 목적을 쉽게 달성할 수 있다.

기선 제압은 일과 생활에서 성공을 거두는 첫 번째 전략이다. 대인관계에서도 기선 제압은 전반적인 국면을 장악하는 데 꼭 필요한 스킬이다. 빠르게 변화하는 사회에서는 심리적인 기선 제압만으로도 일의 성패가 판가름 날 수 있다. 자신이 익숙한 장소를 선택해서 심리적으로 우위를 점하고 주도권을 차지해 우아하고 여유롭게 승리하도록 하자.

심리전의 연속, 먼저 움직이면
여유롭게 상대를 이긴다

경쟁, 협상, 교섭 과정에서 실력에 큰 차이가
없다면 결국 심리전으로 성패가 좌우된다.

타인과 조화롭고 우호적인 관계를 구축할 수 있는가, 즉 사교를
잘하는가는 오늘날 그 사람의 기본 소양을 판단하는 기준이 되었
다. 이처럼 중요한 사교를 잘하려면 다양한 심리 전술을 효과적
으로 이용할 줄 알아야 한다.

대표적인 형이상학과 시인이었던 존 던은 한 산문에서 "어느
누구도 외따로 온전한 섬이 아닐지니"라고 썼다. 사람은 사회 안
에서 타인과 교류해야 하며, 사교의 수준은 당사자들의 심리와
큰 관계가 있다.

사교는 친구를 사귀는 일에만 국한되지 않으며, 타인과 하는

모든 교류를 의미한다. 경쟁자와도 교류하고 실력을 겨룰 수 있으며, 이때도 역시 심리적으로 기선을 제압함으로써 상황을 자신에게 유리하게 만들 줄 알아야 한다.

협상에 참여해본 적 있는 사람이라면 아마 이런 경험이 있을 것이다. 당신과 동료들이 협상 장소에 도착해 보니 상대방은 이미 와서 여유롭게 당신들을 기다리고 있다. 이때 당신은 기선 싸움에서 벌써 한 수 밀렸다는 느낌을 지울 수 없었을 것이다. 교섭, 협상을 벌일 때는 이처럼 상대방보다 미리 약속 장소에 가 있는 것만으로도 심리적으로 기선을 제압하고 전체 과정을 장악하는 데 유리하다. 이런 것이 바로 심리 전술이다.

심리학 지식은 사람들 사이에서 성공적으로 사교하는 데 매우 유용하다. 특히 경쟁하거나 실력을 겨룰 때는 심리전의 비중이 무척 크다. 이런 종류의 심리전에서 가장 중요한 부분은 먼저 기선을 잡는 것이다. 상대방의 내면을 들여다보고 그가 스스로 혼란에 빠지게 할 심리 전술을 이용한다면 객관적인 조건에서 열세일지라도 승리할 가능성이 커진다.

따라서 현명한 여자라면 심리학 지식을 바탕으로 전술과 전략을 세울 줄 알아야 한다. 여기에는 약속한 장소에 먼저 도착해 심리적으로 우위를 점하는 것도 포함된다. 약속 장소에 상대방보다 먼저 도착해서 차분하게 기다리며 자신감을 한껏 올려놓은 상태에서 상대방을 맞이하면 상대방은 심리적으로 위축되게 된다. 마치 독 안에 든 쥐 같은 신세가 되는 것이다. 이렇게 먼저 기선을 제압하면 절반은 성공한 것이며, 첫 대결에서 좋은 성적을 거두면 마지막에 웃는 사람은 결국 당신이 될 것이다.

Women's Psychology 4
처세

상사와 동료를
내 편으로 만드는
심리의 기술

똑같이 열심히 일하고 업무를 훌륭하게 완성했지만 업무 평가, 연봉 인상, 승진에서 번번이 고배를 마시는 사람이 있다. 특히 여자들에게 상대적으로 이런 일이 더 자주 일어난다. 이는 곧 그녀들이 상사와 제대로 된 관계를 맺고 있지 못하다는 의미다.

당신은 상사와 원활하게 소통하고 있는가? 상사는 당신을 신뢰하는가? 만약 그렇지 않다면 당장 상사를 당신 편으로 만들 방법을 찾아야 한다. 상사의 심리를 공략하는 '밀당'의 기술을 익혀야 당신의 직장 생활이 더 순조로울 수 있다!

열심히 묻고 배우는 직원을
싫어하는 상사는 없다

당신의 상사가 그 자리에 있는 이유는 무엇인가?
당신은 바로 그 이유를 찾고 배워야 한다.

어느 직장에나 무슨 일이든 성실하고 겸손한 태도로 임하고 항상 배우려는 자세를 갖춘 사람들이 있다. 그들은 상사의 지식이나 경험을 전수받을 뿐 아니라, 각별한 사랑과 신뢰까지 얻는다. 이것이 바로 그들이 직장에서 탄탄대로를 걷는 비결이다.

공자는 "세 사람이 같이 길을 가면 그중에는 반드시 내 스승이 있다"라고 했다. 직장인으로서 우리는 상사에게 가르침을 청하고 최대한 많이 배우려고 노력해야 한다. 물론 상사 역시 완벽하지 않으며 분명히 부족한 부분이 있을 것이다. 하지만 그들이 당신의 상사가 된 데는 다 그 만한 이유가 있다. 바로 그 이유를 찾고 배워야 한다. 즉, 상사의 지식과 경험을 당신의 것으로 만들어야 한다. 성장과 발전에 도움이 될 만한 양분을 흡수함으로써 고생스럽게 먼 길을 돌아가는 일 없이 잠재력을 최대한도로 발휘하는 것이다.

이는 상사에 대한 존경의 표현이기도 하다. 따라서 그렇게 하면 상사의 타인을 가르치고자 하는 심리를 만족시킬 수 있고, 상사는 당신을 더 많이 인정하고 더 신뢰할 것이다.

열심히 묻고 배우려는 자세는 직장인으로서 매우 훌륭한 태도다. 자기 발전을 위해서도 그렇지만 상사와의 관계에도 꽤 큰 도움이 된다. 상사가 되면 누구나 부하 직원들에게 존경받고 싶어지기 마련이다. 당신이 상사에게 가르침과 조언을 구하며 업무적으로도 도움을 받을 수 있을 뿐만 아니라 그들의 이런 심리까지 만족시켜줘 호감을 얻을 수 있으니 일거양득이 아닐 수 없다.

입사한 지 얼마 안 된 신입사원의 경우는 회사에 대단한 공헌을 하려고 하기보다 자기 성장을 위해 배우는 편이 좋다. "물 옆에 있는 누각에 가장 먼저 달이 뜬다"는 말이 있다. 즉 상사를 가까이 하면 업무는 물론 회사 내에서의 대인관계, 처세 등을 배울 기회가 많다. 그 기회를 놓치지 말자. 긍정적이고 겸손하며 성실한 태도로 가르침을 구하면 상사도 기꺼이 당신을 이끌어줄 것이다.

경력이 쌓인 직원이라고 해서 예외는 아니다. 경력, 나이를 불문하고 상사에게 배우려는 자세는 직장 생활을 하는 데 있어서 훌륭한 처세술이다. '너무 나선다', '상사에게 잘 보이려고 저런 다' 하는 주변의 소리는 신경 쓸 필요 없다. 조직에 도움이 되고 싶고, 상사에게 배우고 싶은 마음이 당신의 진심이라면 그것으로 충분하다.

겸손한 태도로 배울 준비가 돼 있다면 다음의 몇 가지 주의사항을 기억하고 상사로부터 최대한 많은 것을 흡수하도록 하자.

첫째, 상사의 능력을 인정한다. 물론 상사에게도 부족한 점이 있을 것이다. 하지만 그는 분명히 타인보다 우수한 면이 있기에 상사가 된 것이다. 직장에서 관리자들은 평사원보다 훨씬 큰 위험을 감당한다. 주어진 업무뿐 아니라 부서 내부의 각종 관계를 정리하고 외부의 경쟁에도 대처해야 한다. 상사가 받는 스트레스는 평사원들이 상상하기 힘들 정도로 크다. 이를 버텨내는 것만으로도 모든 상사는 우수하다고 할 수 있으며, 배울 만한 가치가 있다.

둘째, 성과와 실적을 염두에 둔다. 모든 상사는 회사 전체와 부서의 이익에 예민하므로 당신 역시 이를 염두에 두고 늘 최적의 방법을 고민하는 자세를 가져야 한다. 그러면 상사는 적극적으로 자신을 돕고자 하는 당신에게 더 호감을 느낄 것이다.

셋째, 많이 경청한다. 상사가 말할 때는 말을 끊지 말고 끝까지 주의 깊게 듣는다. 귀로 듣는 동시에 머리로 끊임없이 사고해서 정확하게 이해해야 한다.

넷째, 상사의 기대에 부응한다. 혹시 아직 승진하지 못했는가? 그렇다면 이유는 상사가 원하는 만큼 해내지 못했기 때문이다. 아마 상사는 지금 판단을 유보하고 당신을 지켜보는 중일지도 모른다. 직장에서 모든 것은 맡은 업무를 잘해냈는가로 판가름 난다. 그 밖의 다른 원인이 있지 않을까 궁리할 시간에 자신을 되돌아보길 바란다.

다섯째, 적극적으로 가르침을 구한다. 상사도 바쁘다. 모든 직원에게 일일이 주목할 시간이 없다. 그러므로 가만히 앉아서 당신을 알아봐주기를 기다리지 말고, 적극적으로 가르침을 구하며 업무에 대한 열의를 보여야 한다. 이럴 때 대부분의 상사는 기꺼이 자신의 지식과 경험, 노하우를 전수할 것이다.

곤경에 처한
상사를 구하라

상사가 당신의 순발력과 배려에 감탄하고,
당신이 마음 잘 맞는 협력자라고 인식하게 하라.

직장인이라면 모두 주위의 동료나 상사와 관계를 잘 다질 필요가 있다. 상사도 마찬가지다. 상사 역시 회사에서 각종 관계를 처리해야 하는데, 간혹 경험이나 능력이 부족한 탓에 난처한 상황에 놓이기도 한다. 예를 들어, 고객과 다툼을 벌이거나 더 높은 상사에게 크게 문책을 당할 수도 있고, 동료들의 비웃음을 살 수도 있다. 하지만 부하 직원 앞에서는 체면을 구기고 싶지 않기 때문에 걷잡을 수 없는 상황으로 내몰리더라도 절대 내색하지 않으려고 한다. 이때 현명한 사람은 상사가 말하지 않는 속마음까지 간파한다.

특히 관찰력과 공감력이 뛰어난 여자는 이런 데 능하다. 그녀들은 상사가 곤경에서 빠져나올 수 있는 퇴로를 마련해 그가 가능한 한 빠르게 난처한 상황에서 벗어나 일을 원만하게 해결하도록 돕는다. 물론 상사는 자신을 도운 사람을 꼭 기억할 것이고, 이렇게 해서 두 사람은 한편이 된다.

반대로 상사가 난처한 상황에 놓여 있는데 본체만체하면서 자신과 무관하다는 듯한 태도로 일관하면 어떻게 될까? 상사는 분명히 당신을 원망하고, 점차 중요한 일에서 당신을 배제시키게 될 것이다.

상사에게 퇴로를 만들어줌으로써 일을 원만하게 처리하려면 다음의 몇 가지를 주의해야 한다.

우선 상사의 마음을 읽어야 한다. 대부분의 경우 상사는 도움이 필요해도 입 밖으로 말을 꺼내지 않는다. 이럴 때 부하 직원은 상사의 속마음을 읽어서 상사가 진정으로 원하는 것이 무엇인지 알아차려야 한다. 상사가 말하기 전에 알아서 필요한 내용을 준비하는 것이다. 상사가 말한 후에는 아무리 빨리 처리한다 해도 때가 늦을 수 있다.

둘째, 일을 원만하게 해결할 수 있도록 돕는다. 상사가 난처한 상황에 빠지면 그냥 내버려두지 말고 원만하게 해결하기 위해 최대한 도와야 한다. 상사가 직접 도와달라고 말하기 어려울 수 있으니 먼저 적극적으로 도울 방법을 찾는 것이 좋다.

셋째, 퇴로를 열어주어 상사의 체면을 지킨다. 상사를 돕는 이유는 그의 체면을 지켜주기 위해서다. 퇴로를 열어주었다고 해도 그의 체면이 깎이는 방법이라면 의미가 없다. 퇴로를 찾는 데 급급해 본말이 전도되어서는 안 된다.

상사의 생각을 바꾸는
반대의 기술

상사가 부하 직원의 반대 의견을 받아들이길
꺼리는 것은. 그렇게 하면 자신의 부족함을
인정하는 것 같기 때문이다.

때로는 상사가 내린 어떤 결정들이 현실성이 없을 수도 있고, 회사의 이익에 반할 수도 있다. 심지어 아예 말이 안 되는 결정을 할 때도 있다. 이럴 때 부하 직원이라고 무조건 찬성하고 따를 수는 없는 노릇이며, 잘못되었다고 말할 책임과 의무 또한 있다. 이때도 중요한 것은 상사의 체면을 지켜주는 것이다. 그들은 자신의 잘못을 인정하면 체면과 권위가 손상된다고 생각하므로 되도록 부드럽게 우회해서 말해야 한다. 그렇게 하면 상사는 못 이기는 척 당신의 의견을 받아들여 잘못된 결정을 피하고, 자신의 체면을 지켜준 당신에게 고마워할 것이다.

당신이 상사에게 반대 의견을 내놓는 이유는 당연히 회사 전체의 발전을 위해서일 것이다. 하지만 여기에도 기술이 필요하며, 이 기술을 제대로 구사하지 않으면 오히려 화를 자초하게 될 수 있다.

다행히 여자들은 관찰력이 뛰어나다. 사전에 상사의 성격, 처세 방식, 장단점 등을 파악하고 공략 방식을 택해야 한다. 상사가 개방적인 편이라면 시간이나 노력을 낭비할 필요 없이 정중한 태도로 직접적으로 말하면 된다. 이런 상사는 오히려 당신이 소신 있게 의견을 말하는 데 더 큰 점수를 줄 것이다.

하지만 상사가 고집불통이고 체면을 중요하게 생각하는 사람이라면 무슨 일이 생길지 모르니 반드시 우회적으로 표현해야 한다. 먼저 칭찬, 인정, 존경을 충분히 표현한 후 문제를 에둘러서 설명해야 한다. 또 어떤 반응을 보일지 알 수 없으므로 몇 가지 방안을 준비했다가 상황에 따라 적절한 방법으로 표현해야 한다.

말하는 태도와 어휘도 신중하게 선택해야 한다. 그렇게 하면 설령 상사가 당신의 의견에 동의하지 않는다 하더라도 당신의 솔직하고 정중한 태도는 높게 살 것이다. 그리고 상사의 결정이 마음에 안 든다고 'No'만 외칠 것이 아니라 '어떻게 해야 더 좋을지'를 말해야 한다. 무조건 안 된다, 싫다고만 하면 상사는 당신이 반대를 위한 반대를 한다고 오해할 것이다. 반면 더 나은 해결 방안을 내놓으면 잘못을 인정하고 자신의 주장을 접을 가능성이 높다.

　상사들이 부하 직원의 반대 의견을 받아들이기를 꺼리는 이유는, 그렇게 하면 자신의 부족함을 인정하는 것 같기 때문이다. 사실 그들은 반대를 받아들이는 일보다 그 이후를 더 걱정한다. 그러므로 상사에게 반대 의견을 낼 때는 반드시 먼저 그의 지위와 능력을 인정하고 존경을 표해야 한다. 그래야 상사가 훨씬 더 쉽게 당신의 의견을 받아들일 수 있다.

　여자는 남자와 비교해서 훨씬 더 세심하고 꼼꼼하다. 덕분에 상대방의 감정에 공감하는 능력이 뛰어나고, 분위기의 흐름을 잘 읽거나 전환하는 데 능숙하다. 직장인으로서 당신은 이러한 장점을 직장 내 인간관계에 적절하게 응용할 줄 알아야 한다. 그러면 당신의 직장 생활은 더할 나위 없이 순탄할 것이다.

상사에게
공을 넘기는 지혜

타인이 칭찬받게 하면 분명히 자신에게 더 좋은
일이 생긴다. 상사는 부하 직원에게. 부하 직원은
상사에게 공을 돌릴 줄 알아야 한다.

모든 사람이 그렇지만 특히 여자들은 각자의 일과 생활 현장에서
기민하게 그 역할을 바꾸어야 한다. 많은 여자들은 누군가의 딸,
아내, 어머니, 직장인의 역할을 동시에 수행한다. 직장 안에서는
역할이 더 다양하다. 부하 직원에게는 상사, 상사에게는 부하 직
원, 그리고 누군가의 동료이기도 하다.

부하 직원일 때 우리는 그에 걸맞은 모습을 장착하고 철저하게
상사를 돕는 역할을 수행해야 한다. 모든 공을 상사에게 돌리고
영예와 환호를 탐해서는 안 된다. 표면적으로는 상당히 불공평해
보일지 모르지만, 이렇게 할 때 상사의 신임을 얻고 직장에서 자

신의 행동반경을 넓힐 수 있다.

직장에서 심리 전략을 잘 구사하는 사람들은 자신의 공로와 실적을 모두 직속 상사가 이끌어준 덕에 가능했던 것으로 상부에 보고한다. 물론 동료의 도움이 컸다는 이야기도 빠뜨리지 않는다. 인간의 '허영'이라는 심리를 정확하게 꿰뚫어 볼 때 가능한 일이다.

공을 상사에게 돌린다고 당신의 공이 사라지는 것은 아니다. 사실 다른 사람들도 말하지 않을 뿐 당신이 헌신하고 있다는 사실을 알고 있으며, 보이는 그대로 믿지도 않는다. 그들은 당신의 넓은 마음과 고매한 인격, 훌륭한 처세에 대해 크게 칭찬할 것이다. 따라서 멀리 볼 때 상사에게 공을 넘기는 전략은 상사에게도 당신에게도 나쁠 것이 없다.

직장에서 승승장구하려면 상사를 '컨트롤'할 줄 알아야 한다. 어렵게 생각할 필요 없다. 상사가 좋아할 만한 걸 넘겨주고, 그가 알아서 당신을 위해 길을 닦도록 유도하면 된다. 아무리 능력이 뛰어나도 상사 앞에서는 낮은 자세를 취해야 한다. 대외적으로 당신은 마치 아무것도 하지 않은 듯이, 그저 상사가 시킨 대로만 한 듯이 구는 것이다. 그렇게 당신에게 길들여진 상사는 당신에게 더 많은 도움과 지원을 아끼지 않을 것이다. 상사가 승진을 하면 당신에게 더 많은 기회가 주어질 것이다.

반대로 모든 공을 꽉 쥐고 넘기지 않으면 상사는 당신이 가는 모든 길에서 방해물이 된다. 좋은 일은 전부 자기 공으로 돌리고, 나쁜 일은 모두 당신 책임으로 미룰 것이 분명하다. 업무를 가르쳐주거나 당신을 더 위로 끌어주지 않는 것은 말할 것도 없다. 이는 곧 당신에게 아무런 발전의 기회가 없을 것이라는 의미다.

타인이 칭찬받게 하면 분명히 자신에게 더 좋은 일이 생긴다. 그런데 공을 상사에게 넘기려면 자신에게 돌아올 영광과 명예를 과감하게 희생할 줄 알아야 하기 때문에 어쩌면 손해 보는 느낌이 들 수도 있다. 하지만 장기적으로 봤을 때 이는 자신의 이익과 목표를 달성하는 데 분명 유리하게 작용한다.

이때 모든 일은 눈에 띄지 않게 진행해야지, 자신의 희생을 사방팔방 알려서는 안 된다. 상사는 바보가 아니다. 그랬다가는 상사가 당신에게 무언가 다른 목적이 있다고 생각하게 될 것이다.

결국 중요한 것은 오만함을 버리고 항상 낮은 자세로 상사를 대하는 것이다. 상사에게 공을 넘기는 순간 상사의 지지를 얻을 수 있으며, 상사의 지지를 얻는 순간 당신은 직장에서 성공 가도를 달리게 될 것이다!

실시간 보고로
상사의 신임을 얻으라

상사가 따로 시키지 않아도
알아서 수시로 보고해 당신이 무슨 일을
어떻게 하고 있는지 알게 하자.

이미 알고 있는 사람도 있겠지만, 모든 상사는 부하 직원이 자신의 시야 밖에 있는 걸 좋아하지 않는다. 꿍꿍이를 숨기고 잔꾀를 부리는 부하 직원은 생각만 해도 골치가 아프다. 그래서 부하 직원의 업무 진행도 및 근무 태도 등 각종 상황을 완벽하게 파악하고자 하지만, 사실상 쉽지 않은 일이다.

그렇다면 이런 상사의 심리를 파악해 상사에게 먼저 다가서보면 어떨까? 수시로 보고하고 조언을 구함으로써 당신이 먼저 상사에게 한 발짝 다가가는 것이다.

보고할 때는 달랑 업무에 대해서만 이야기하는 것이 아니라 그

일에 대한 자신의 노력이나 느끼고 있는 책임감 등을 넌지시 알리는 기술도 필요하다. 이렇게 사전 보고를 하면 그때그때 상사로부터 피드백을 들을 수 있고, 잘못된 방향을 수정해 사전에 문제 요소를 제거할 수도 있다. 더불어 상사를 안심시키는 효과도 있다.

직장에서 상사와 직접 대면하는 것을 불편해하면서 되도록 만나지 않으려고 하는 사람도 있다. 잘못한 것도 없는데 괜히 책임을 추궁당하거나 일을 떠맡게 될까봐 두려워하는 경우에 그렇다. 그런데 그런 사람은 자신의 능력과 재능을 드러낼 기회는 물론이고 상사의 신임까지 잃게 된다는 사실을 기억하자.

업무 보고는 상사의 성향에 따라 다르게 해야 한다. 성과에 더 비중을 두는 상사에게는 과정은 배제하고 일의 결과를 더 강조한다. 반대로 업무 프로세스의 디테일을 중요하게 생각하는 상사에게는 전체적인 흐름을 상세하게 설명한다.

다음은 상사에게 업무 보고를 할 때 주의해야 할 사항이다.

첫째, 상하 관계를 잊지 않아야 한다. 직장은 상하 직급이 있는 곳이다. 기본적으로 하위 직급은 상위 직급의 지시에 따라야 한다. 물론 아주 드물게 부하 직원이 상사의 말을 무시하거나 거역하는 일종의 하극상이 일어나기도 하지만, 그런 행동에는 반드시 대가가 따른다. 그러므로 상사에게 업무 보고를 할 때는 최대한 보고에 초점을 맞추고 의견을 구하는 방식을 취해야 한다. 다른 직원의 업무를 평가하거나 통보하는 식은 일종의 월권행위로, 절대 삼가야 한다.

둘째, 요점만 말한다. 한 차례 보고에 다루어야 할 내용이 많을 때도 있다. 그러면 각 항목의 요점만 추려서 중언부언하지 말고 최대한 간결하게 말하도록 한다. 상사는 바쁘다. 당신 외에 다른 직원들의 보고도 받아야 하고, 자신도 더 높은 상사에게 보고를 해야 한다. 그러니 귀에 쏙쏙 들어오게 요점만 말하는 사람에게 더 호감을 느낄 것이다.

셋째, 조리 있게 말한다. 그러기 위해서는 보고할 때의 언어와 형식을 미리 생각해보는 것이 좋다. 주절주절 말하기보다 '1, 2, 3…', '첫째, 둘째, 셋째…' 식으로 항목을 정해 말하면 듣는 사람이 더 이해하기 쉽다.

넷째, 상사의 의중을 파악한다. 일 잘하는 여자들은 업무 보고를 하기도 전에 상사의 의중을 살펴 그가 여러 방안 중 어느 쪽을 선호하는지를 먼저 파악한다. 그리고 실제 업무 보고를 할 때 그 방안을 가장 먼저 제안하고 추천한다. 물론 그 밖의 다른 방안들도 덧붙여서 상사가 결정하는 데 도움이 되게 한다.

다섯째, 솔루션을 제안한다. 업무 보고의 목적은 솔루션 제안이지 문제점 설명이 아니다. 보고를 하면서 달랑 이러저러한 문제가 있다고만 이야기하면 상사에게 좋은 인상을 주기 어렵다. 다시 말해 업무 보고는 솔루션에 대한 상사의 비준을 구하는 행위다. 업무 보고를 할 때는 상사에게 어떻게 문제를 해결할지 물어서는 안 된다. 문제가 생길 때마다 달려가서 상사에게 해결 방법을 요구한다면, 상사는 그 직원은 무슨 일을 하고 있는 건지 의문을 갖게 될 것이다.

이때 솔루션도 하나만이 아니라 여러 가지를 준비한다. 사전에 다양한 경우의 수를 따져보고 솔루션별로 이익과 손해를 일목요연하게 정리한 후 간결하게 보고하는 것이다. 그런 후 자신의 의견과 제안을 덧붙여 상사의 비준을 얻어낸다. 이런 방식과 절차는 업무 보고의 정석이라 할 수 있다. 혹시 지금껏 늘 이렇게 해왔다면 당신은 승진할 날이 머지않은 사람이다.

여섯째, 핵심을 강조한다. 일 잘하는 여자는 상사가 꼭 기억하길 원하는 핵심을 적절하게 강조해 표현할 줄 안다. 이렇게 하면 상사의 주목도가 훨씬 높아져 자신이 의도하는 바에 상사가 동의하게 하는 데 유리하다.

때로는 효율보다
중요한 것이 있다

똑똑한 것과 잔꾀를 부리는 것은
근본적으로 다른 이야기다.

주변을 유심히 살펴보면 자신이 굉장히 똑똑한 줄 아는 사람이
꼭 있다. 그들은 모든 일을 자기가 주도해야 하며, 항상 머리를 굴
리며 잔꾀 부릴 생각만 한다. 말도 청산유수로 잘하며 세상에 자
기만큼 좋은 사람은 없는 것처럼 굴곤 한다. 물론 사람들은 곧 그
가 자신을 업신여기고 있다는 걸 알아차리고 함께 어울리기를 거
부한다.

　사람이 가장 얻기 어려운 자질은 선함과 지혜라고 한다. 선함
과 지혜를 함께 갖추면 '더 큰 지혜'를 발휘할 수 있어 그보다 좋
을 수 없겠지만, 지혜가 선함을 앞서면 잔꾀가 되고 말기 때문에

늘 경계해야 한다. 더 큰 지혜는 살면서 꼭 필요하기에 반드시 추구해야 하지만 잔꾀는 피해야 한다.

어쩌면 '이렇게 잘난 걸 어쩌라고?'라고 생각하는 사람이 있을지도 모르겠다. 물론 다른 사람들보다 우수한 자기 자신에게 우월감을 느끼고, 그것을 만천하에 알리고 싶은 마음이 들 수도 있다. 하지만 대인관계에서 자기가 얼마나 잘났는지 알리고 싶어 잔꾀를 부린다면, 그것이야말로 어리석기 그지없는 짓이다. 더구나 상대방을 내려다보며 업신여긴다면 그야말로 멍청하고 아둔한 행동이다.

아무리 머리를 열심히 굴려도 잔꾀로는 큰일을 이루기 어렵고, 무엇보다 다른 사람들에게 발각되기도 쉽다. 잔꾀는 부리면 부릴수록 더 많은 틈이 생기기 때문이다. 그런데도 작은 편익을 누리려고 타인의 수고를 가로채고, 동료의 이익을 탐하고, 모르는 척 규칙을 어기는 등 잔꾀를 부리는 사람이 많다. 그러나 그래봤자 결과는 스스로 자신의 행동반경과 인간관계의 폭을 좁힐 뿐이다. 제 꾀에 제가 넘어가는 꼴이다. 사회에서 제대로 자리 잡고 좋은 인간관계를 형성하고 싶은 사람이라면 잔꾀를 부릴 생각일랑 하지 말고 정정당당하게 승부해야 한다.

직장에서도 잔꾀를 부리다가 낭패를 보는 일이 적지 않다. 회사에 업무 능력이 비슷한 두 명의 직원이 있다고 하자. 한 사람은 빠릿빠릿하지만 잔꾀가 많은 사람인 반면, 다른 한 사람은 묵묵히 맡겨진 일을 처리하는 사람이다. 영리한 전자는 잔꾀를 부려 일을 수월하게 처리하는 듯하지만, 그는 왠지 모르게 상사를 불편하게 만든다. 일을 할 때는 효율적으로 빨리 하는 것도 중요하다. 그러나 귀찮더라도 한 번 더 꼼꼼하게 확인해야 할 일도 있고, 다른 사람의 힘을 빌려서는 안 되는 일도 있다. 일에 있어서도 성실하게 기초 체력을 길러야 중요한 순간 제대로 실력을 보여줄 수 있다. 이런 게 상사의 눈에는 보이게 마련이다. 그래서 상사는 영리하게 잔꾀를 부리는 전자보다 훨씬 안정감 있는 후자 쪽을 선호할 것이다.

일상에서도 다른 사람을 바보로 여기면서 잔꾀를 부리면 안 된다. 할 말이 있으면 직접 말하는 편이 낫다. 잔꾀를 부려서 해결하려고 했다가는 오히려 상대방의 반감만 사기 십상이다.

정말 지혜롭고 영리한 사람은 잔꾀를 부리면서 지름길을 찾지 않고, 더 나은 사람이 되기 위해 성실하게 한 발 한 발 앞으로 나아간다. 더 쉽고 효율적이라는 명분으로 잔꾀를 부린다면 일이든 생활이든 순탄하게 유지되기 어렵다. "뛰는 놈 위에 나는 놈 있다"는 속담을 흘려듣지 않길 바란다. 당신이 잔꾀를 부렸다는 사실을 알아채는 순간 상대방은 사기를 당한 것 같은 기분이 들 것이다. 물론 당신도 그에 상응하는 대가를 치러야 한다. 무슨 일이든 성실하게 자신의 능력에 기대어 겸손한 태도로 임하는 사람이야말로 진짜 큰 지혜를 갖추었다고 할 수 있다. 그런 사람만이 주변의 신뢰와 지지를 한 몸에 받으며 더 큰 무대로 나아갈 수 있다.

링컨은 "모든 사람을 잠시 속일 수 있고, 일부 사람을 영원히 속일 수는 있어도 모든 사람을 영원히 속일 수는 없다"라고 말했다. 타인을 바보라고 생각하지 말라. 자신이 가장 똑똑하고, 다른 사람은 전부 자기보다 못하다고 생각하는 사람이야말로 천하에 어리석은 사람이다.

말보다 행동이 앞서는
사람이 신뢰를 얻는다

사람들은 말은 적게 하고 적극적인
행동으로 보여주는 사람을 더 믿는다.

여자는 타고난 언어학자로, 감정을 언어로 표현하는 데 능숙하다. 그런데 대인관계에서 이 능력은 장점이 되기도 하지만 단점으로 작용하기도 한다.

사람을 만나면 정말 잠시도 쉬지 않고 계속 말을 하는 여자가 있다. 마치 말문이 한번 열리면 닫기 어려운 듯 말이다. 그들은 자신이 아주 작은 성과만 올려도 그 사실을 모르는 사람이 혹시 있을까봐 부지런히 사방에 알리고 다닌다. 말로 확실하게 알려줘야 상대방이 자신을 인정하고 신뢰할 거라고 생각하기 때문이다.

그런데 사실 사람은 귀로 들은 것보다 자기 눈으로 본 것을 더 믿는다. 따라서 인정과 신뢰를 얻는 가장 좋은 방법은 말이 아니라 행동이다. 인정받기 위해서라면 말을 하기 전에 행동으로 보여주는 편이 훨씬 효과적인 것이다.

한 심리학자가 보험 영업사원들을 대상으로 연구를 했다. 그는 영업 실적이 상위 10퍼센트에 속하는 사람들과 하위 10퍼센트에 속하는 사람들을 각각 인터뷰했다. 인터뷰 내용을 분석한 이 심리학자는 인터뷰 대상자들이 똑같은 훈련을 받았음에도 실적이 이렇게 크게 차이가 나는 이유는 '말의 양'에 있다는 결론을 내렸다. 상위 10퍼센트에 속하는 사람들이 1회 영업활동을 하면서 말하는 시간은 평균 12분인 반면, 하위 10퍼센트에 속하는 사람들은 30분이나 걸렸다.

왜 12분만 말하는 사람이 30분 말하는 사람보다 더 실적이 좋을까? 이유는 간단하다. 사람들은 말은 적게 하고 적극적인 행동으로 보여주는 사람을 더 믿기 때문이다. 옛말에 "군자는 세 번 입을 꿰맨다"라고 했으며, 공자는 "더불어 말하지 않아야 하는데 말을 하면 말을 잃는다"라고 했다. 타인의 인정과 신뢰를 얻고 싶다면 스스로 높은 기준을 세워 최대한 많이 움직이고 적게 말해야 한다. 설령 행동이 조금 느리고 성과가 더디게 나타나더라도 말로 때우고 행동하지 않는 것보다는 낫다.

혹시 지금 당신은 너무 많은 말을 하고 있지 않은가? 그렇다면 사회생활을 하는 데 충분히 약점으로 작용할 수 있으니 반드시 고쳐야 한다. 아무 말도 하지 말라는 이야기가 아니라 굳이 할 필요가 없는 말을 하거나 입에서 나오는 대로 함부로 말하지 말라는 의미다.

기억해야 할 것은 말을 줄이는 동시에 행동에도 신경을 써야 한다는 것이다. 특히 언어감각이 뛰어나고 말을 통한 소통에 자신 있는 여자라면 말의 무게를 인지하고, 말 대신 행동으로 보여줘야 한다.

열심히 일했으면
티를 내라!

책상 앞에 앉아 일만 하던 구시대적인
습관을 버리자. 열심히 일했다면 그것을
상사가 알게 해야 한다.

어느 직장이나 구름에 올라 탄 듯 일이 술술 풀리고 항상 좋은 일이 끊이지 않는 사람이 있다. 이들은 남들과 똑같이 일하고도 자신의 공을 드러내는 방법을 깨우친 사람들이다. 그들은 상사가 자신이 한 일을 모르고 그냥 넘어가게 하는 일이 절대 없으며, 매번 인정과 칭찬을 받아낸다.

어쩌면 직장인이 일을 잘해서 성과만 내면 되지, 상사의 눈에 들자고 이렇게까지 해야 하냐고 생각할지도 모른다. 또 어쩐지 자기 자랑 같아서 낯부끄러워 못하겠다고 하는 사람도 있을 것이다. 그런데 직장에서 '자신을 알리라'는 말은 절대 허풍을 치라는 의미가 아니다. 회사 내부의 정치 게임에 뛰어들라는 말은 더더욱 아니다. 이는 일종의 주목도를 올리는 방법으로, 상사가 당신의 노력과 열정을 알게 하는 것이 핵심이다.

어렵게 생각할 것 없다. 엘리베이터나 탕비실에서 상사와 잠깐 마주쳤을 때, 점심시간에 식사가 나오기를 기다릴 때를 활용해 상사에게 자연스럽게 자신을 알리는 정도면 된다. 예를 들어 엘리베이터를 기다리면서 이렇게 말할 수 있다.

"상무님, 지난 주말에 친구 결혼식에 갔었는데요, 거기서 친구 회사의 이사님을 뵈었어요. 인사 나누는 김에 명함 드리면서 이번에 새로 시작한 저희 프로젝트에 대해 잠깐 소개했더니 관심을 보이시더라고요. 그래서 화요일에 저희 회사에 직접 오셔서 시연을 해보기로 했어요. 제가 안내하고 이야기를 해볼 예정입니다."

이렇게 얘기하면 상사는 아마 당신이 쉬는 날에도 회사를 위해 가능한 모든 기회를 이용하는 직원이라고 생각할 것이다. 이런 직원을 좋아하지 않을 상사는 없다.

만약 연일 야근을 계속하고 있다면 퇴근하기 전에 일의 진행 상황을 알리는 이메일을 상사에게 보내는 것도 좋다. 이렇게 하면 업무 보고의 효과는 물론, 당신이 밤늦게까지 일하고 있다는 사실을 상사에게 자연스럽게 알릴 수 있다.

그래도 상사에게 자신을 드러내는 것이 쑥스럽다면 타인의 입을 빌리는 방법이 있다. 당신을 잘 알고 좋아하는 사람을 일종의 대변인으로 삼아서 그가 당신을 홍보하게 유도하는 것이다. 당신의 직장 동료, 상사와 가까운 사람 등이 그 대변인 역할을 할 수 있다.

동료는 당신과 동등한 위치이므로 비위를 맞추거나 아첨할 필요는 물론 없다. 하지만 직장에서 마음이 통하고 어울릴 동료는 꼭 필요하다. 동료 무리에서 리더가 되기를 겁내지 말자. 대단한 일이 아니어도 된다. 퇴직하는 직원을 위한 송별회를 적극적으로 나서서 추진하는 정도면 충분하다. 시간이 흐르면 당신을 믿고 따르는 동료가 점점 더 많아질 것이고, 그들은 자연스레 당신의 훌륭한 대변인이 되어줄 것이다.

상사와 가까운 사람에게는 좋은 인상을 남기기만 해도 일이 다 된 것이나 다름없다. 그가 당신을 언급하면 상사는 자연스럽게 당신을 더 주목하게 될 것이다. 상사가 신뢰하고, 당신과 당신이 한 일에 대해 말을 잘해줄 수 있는 사람이라면 더 효과가 크다. 그 밖에 중요한 고객, 상사의 상사, 동료, 협력업체 관계자 등이 당신의 대변인이 될 수 있다.

호구가 되고 싶지 않지만
거절은 더 힘들다?

너무 친절한 나머지 거절하는 법을 모르는
사람은 나중에는 거절하고 싶어도
거절할 수 없는 상황에 직면하게 된다.

직장인들은 협력과 배려만 잘하고 동료에게 마음을 곱게 쓰기만 해도 직장에서 무난하게 지낼 수 있다는 것을 알 것이다. 같은 사무실에서 일하면서 도움이 필요할 때 서로 돕는 것은 인지상정이기 때문이다. 하지만 알다시피 모든 일에는 정도가 있는 법이다. 어떤 사람들은 사무실에서 늘 '거드는 역할'을 맡는다. 타인의 요구를 차마 거절하지 못해서인데, 이는 자칫 스스로 자신에게 해를 입히는 행동이 될 수도 있다.

다른 사람의 부탁을 거절하지 않고 모두 허락하기만 했다가는 동료들에게 '편하게 부탁해도 되는 사람'이 되어 허구한 날 "이 서류 좀 정리해줄 수 있어?", "커피 한 잔 부탁해!" 같은 소리만 계속 듣게 될 수도 있다. 나중에는 하고 싶지 않아도 거절할 줄 몰라서 그냥 이 악물고 해내야 하는 상황이 닥칠 수도 있다.

하나를 끝냈다고 해도 편히 쉬지 못한다. 곧이어 역시 거절하기 어려운 요청이 들어올 테니 말이다. 이런 일이 자주 오랫동안 계속되면 당신은 만사에 피동적으로 움직이게 된다. 기다리고 있다가 누군가가 뭔가 해달라고 부탁하면 할 줄이나 알지, 스스로 자신이 무엇을 하고 싶은지, 혹은 무엇을 해야 할지 결정하지 못하게 되는 것이다.

동료들도 당신의 도움에 익숙해져서 부탁을 습관처럼 하게 된다. 물론 동료를 비롯한 주변 사람들은 모두 당신을 '좋은 사람'이라고 말하겠지만, 사실 당신은 '모두의 호구'로 전락한 것에 불과하다. 그런 사실이 당신의 기분을 상하게 하겠지만, 당신에게는 부탁을 거절하는 일이 더 어렵다.

가장 큰 문제는 정작 자기 일에서 작은 실수들이 발생하기 시작한다는 점이다. 결국 직장 생활은 엉망진창이 되고, 피동적으로 움직이는 당신 자신도 엉망이 된다.

동료를 돕는 일은 절대 잘못이 아니다. 잘못은 자신이 감당하기 어려운 상황에서도 거절하지 않는다는 것, 더 크게는 거절할 줄을 모른다는 것이다. 동료가 해결하기 어려운 문제에 부딪혔을 때, 옆에서 돕는 것은 당연하다. 하지만 다른 사람을 돕는 데도 정도가 있는 법이다. 자신의 일을 잘해낸다는 전제하에 남을 도와야 하는 것이다. 자신의 업무는 엉망으로 하면서 남을 돕겠다고 나서는 것은 어불성설이다. 자기 일을 잘하더라도 부탁을 받으면 덥석 승낙부터 할 것이 아니라 나름의 기준을 정해 승낙 여부를 결정해야 한다. 꼭 도와야 할 일이라고 판단하면 돕고, 그렇지 않다면 거절할 줄도 알아야 한다. 그래야 만사에 피동적인 지경까지 가지 않을 수 있다.

어떤 사람들에게 거절은 너무나 어려운 일이다. 함께 일하는 사이에서 거절은 우호적이지 않은 표현이며, 그랬다가는 나중에 관계가 나빠질지도 모른다고 생각하기 때문이다. 'No'라고 말하는 건 분명히 쉽지 않다. 그러나 무척 중요한 일이다. 거절할 줄 모르는 사람은 늘 타인의 세계 속에 머물며, 자기만의 성취를 거두지도 못하기 때문이다.

부탁을 받았을 때뿐 아니라 타인의 호의를 거절하는 것도 매우 중요하다. 잘못된 일인 걸 알면서도 상대방이 여러 번 권유하면 차마 단호하게 거절하지 못하는 경우가 있을 수 있다. 그런데 호의라고 해서 다 받아주면 안 된다. 당신이 거절하지 못하고 받은 것이 뇌물이나 청탁이 될 수도 있는 것이다.

사람은 서로 돕고 살아야 하지만 꼭 거절해야 할 일들도 있다. 도덕이나 법률에 반하는 일, 자신의 희망이나 계획과 상충되는 일, 자신의 능력이 미치지 못하는 일은 반드시 거절해야 한다. 이

밖에도 당신이 거절해야 할 상황은 많다. 동료와 좋은 관계를 오래 유지하려면 'Yes'는 신중하게, 'No'는 단호하게 말할 줄 알아야 한다.

직장 생활에서만이 아니다. 사적인 관계에서도 거절의 기술은 꼭 필요하다. 친구에게 어려운 일이 생겨 당신에게 부탁을 청하면 힘껏 돕는 것이 도리다. 문제는 그 부탁이 가끔 너무 과하다는 데 있다. 이때 어떻게 거절해야 우정을 지킬 수 있을까?

물론 어차피 거절할 일이니 딱 잘라서 '그건 어렵겠다'고 말하는 경우도 있다. 하지만 거절도 상대방의 기분이 상하지 않는 선에서 해야지, 너무 단칼에 해버리면 이후 관계가 어떻게 될지는 말하지 않아도 알 것이다. 심한 굴욕감을 느낀 상대방은 오만 정이 떨어져서 당신에게 절교를 선언할지도 모른다.

사실 거절을 어떻게 해야 하는지는 한마디로 설명하기 어렵다. 상황에 따라 적절한 거절법이 다 다르기 때문이다. 다만 부탁을 거절하는 데는 크게 두 가지 방식이 있다. 부탁을 받은 현장에서 딱 잘라 거절하는 방식과 완곡하게 거절하는 방식이다.

바로 그 자리에서 거절하는 방식은 다소 각박해 보이고 부탁한 사람의 자존심을 상하게 할 수 있지만, 상대방은 깔끔하게 마음을 접고 다른 대안을 찾으려고 할 것이다. 완곡하게 거절하는 방식은 당신의 입장을 솔직하게 털어놓으면서 우회적으로 거절의 의사를 전하는 것이다. 이렇게 하면 상대방의 자존심을 상하게 하지 않으면서 당신의 의사를 전달할 수 있다.

부탁을 거절할 때는 반드시 합당한 이유가 있어야 한다. 그 이유가 사실이고, 진정성이 담겨 있다면 상대방도 반박하지 않을 것이다.

일보다 동료와의 관계가
더 어려운 사람들을 위한 심리 전술

직장이란 꼭 좋아하는 사람하고만
일할 수 있는 곳이 아니다.

직장에서 인간관계를 잘 처리하는 사람은 동료의 이해와 지원 사격을 받지만, 그 반대라면 고민과 갈등이 심해져서 생활 전반에 걸쳐 스트레스가 커진다. 실제로 업무보다 동료와의 관계가 힘들어 다니던 직장을 그만두는 사람이 적지 않다. 이런 일을 피하려면 동료들과의 관계에서도 심리 전략을 구사해야 한다. 그래야 모두의 지지를 얻어 더 순탄하게 직장 생활을 이어갈 수 있다.

하지만 동료와 사적으로 친하게 지낼 필요까지는 없다. 즉 사생활은 회사 밖의 일이다. 동료는 친구와 다르다. 친구는 서로 마음을 터놓고 주고받는 관계지만, 동료는 협력하는 동시에 경쟁하는 관계다. 이런 이유로 동료와 관계를 쌓을 때는 반드시 자신을 보호하는 방법도 알아야 한다.

이때 중요한 것은 아무리 친한 사이라고 해도 자신과 타인의 사생활을 화제로 삼아서는 안 된다. 동료와의 관계에서 자신을 효과적으로 보호하려면 오직 업무에만 집중해야 한다. 장담컨대 누군가의 사생활이 화젯거리가 되는 순간, 직장에서의 갈등과 시비가 시작된다. 다시 한번 말하지만 직장에서 좋은 인간관계를 쌓고 싶다면 사생활을 입에 올리지 않도록 하자.

직장 생활이 어려운 것은 서로의 다름을 인정하지 않는 분위기 때문이기도 하다. 사람은 저마다 독립적인 개체이고, 각자의 성격과 처세 방식이 있다. 동료의 성격이나 처세가 자신의 방식과 맞지 않을 때 사람이 싫은 나머지 같이 일하기도 싫다고 생각하는 사람이 있다. 그런데 이는 상대방의 잘못이 아니라 그 사람이 감정을 잘 조절하지 못하기 때문이다. 세상에 자기 마음에 딱 드는 사람이 어디 그리 많겠는가! 싫어하는 사람이라도 자신의 마음을 잘 다스려 어울리면서 우호적인 관계를 맺어야만 하는 곳이 바로 회사라는 곳이다.

당신이 어떤 사람을 싫어하는 것은 그가 아니라 당신의 문제다. 이 점을 깨우쳐야 곱게 보이지 않는 사람과도 잘 어울릴 수 있다. 실적을 내고 성과를 올리고 싶다면 건강하고 평온한 감정, 우호적인 언행, 선의에서 우러나는 배려를 바탕으로 동료들과 좋은 관계를 유지해야 한다.

　사실 당신이 그 사람을 싫어하면 상대방도 똑같이 당신을 싫어할 것이다. 이때 두 사람 모두 자기감정을 다스리지 못하면 시간이 갈수록 상대가 싫어져 서로 적대시하는 지경에 이르게 될 수있다. 이런 식이라면 직장이 아니라 어딜 가더라도 항상 적을 만들게 될 것이고, 사회에서 제대로 생존하기 어려워진다.

　그러나 직장인으로서 우리는 싫어하는 사람과도 일해야만 한다. 이때 중요한 것이 자신의 감정을 조절하는 일이다. 직장에서 동료와 함께 일할 때는 사사로운 감정을 배제해야 한다. 당신이 어떤 동료를 좋아하건 좋아하지 않건 그것은 크게 중요하지 않다. 중요한 것은 함께 일을 성공적으로 완수해야 한다는 것이다. 그러니 회사에서는 성과를 목표 삼아 전면에 내세우고, 감정은 뒤로 치워두도록 하자.

　함께할 일이 특별히 없는 관계일지라도 마찬가지다. 직장인의 최종 목표는 성과를 내서 모두의 인정을 받는 것이고, 이는 직장 내 인간관계와 긴밀히 영향을 주고받는다는 것을 명심해야 한다.

　동료와의 관계에서는 존중이 바탕이 되어야 한다. 특히 좋아하지 않는 동료는 더욱 존중해야 한다. 서로 싫어하는 두 사람 사이에는 의견 충돌이 자주 발생하고, 적대감이 커지기 쉽다. 함께 일해야 하는 처지에서 이런 일을 방지하려면 먼저 적극적으로 상대방의 의견을 구하고 존중해야 한다. 이렇게 해야 좀 더 우호적인 관계로 발전할 수 있다.

업무 중에는 동료와의 의견 충돌이 얼마든지 일어날 수 있다. 이때 양측은 이성적인 태도로 자신이 그렇게 하려는 이유를 충분히 전달해 상대방의 이해를 구해야 한다. 그런 후 상대방의 의견도 기꺼이 들어보고 여러 사항을 종합해 결론을 내리는 방식을 취하는 편이 좋다. 이런 과정을 거쳤는데도 불구하고 의견이 일치되지 않는다면 두 가지 방안을 모두 준비해 상사에게 판단을 맡기도록 한다.

무엇보다 뒤에서 동료, 특히 싫어하는 동료를 평가하거나 탓하는 행동, 싫어하는 이유를 계속 떠벌리는 행동은 금물이다.

정도는 다를 수 있지만, 어느 직장이든 심보가 고약하고 하는 행동이 바르지 않으며 거짓말을 일삼는 사람들이 꼭 있다. 갖은 수단을 동원해 이들을 저지하고 싶겠지만 절대 쉬운 일이 아니다. 이런 사람은 언제 어디에서 나타나 뒤통수를 칠지 모르기 때문이다. 그렇다고 회사에서 혼자 울타리를 높이 치고 있을 수도 없는 노릇이다. 방법은 단 하나, 피하는 것뿐이다.

다시 한번 말하지만, 말과 행동에 거짓이 많고 늘 뭔가 꿍꿍이를 품고 있는 사람은 어디에나 있다. 이런 사람은 최대한 멀리해야 위험을 줄일 수 있다. 개똥은 무서워서가 아니라 더러워서 피하는 것이다. 악당이 다가오면 무슨 핑계라도 대서 당장 그 자리를 피하고, 말을 걸어오면 꼭 필요한 답변만 하며, 가능한 한 접촉을 줄여야 한다. 물론 가장 좋은 방법은 어떻게 해서든 그와 함께 일하지 않는 것이다!

당신의 작은 허점을
살짝 공개하라

자신의 작은 허점을 폭로하는 행위는
상대방의 심리적 장벽을 허물어뜨린다.

사람들은 부족한 부분에 대해서는 다른 사람들 앞에서 최대한 숨기고 되도록 완벽한 모습만 보여주고자 한다. 다른 사람에게 혹여 자신의 부족한 부분을 들키기라도 할까봐 늘 조심하면서 일정한 거리를 유지한다. 이는 당신뿐 아니라 상대방도 마찬가지다.

그런데 좀 더 빨리 상대방과의 심리적 거리를 좁히고 싶다면 감추어왔던 작은 허점을 살짝 공개하는 것도 좋은 방법이다. 앞에서 말한 날선 심리전에서 똑똑함을 감추는 지혜와도 일맥상통하는 얘기로, 이런 전략은 경쟁자를 대할 때뿐 아니라 일상생활에서도 통한다. 자신과 마찬가지로 당신도 못하거나 어려워하는 부분이 있다는 사실을 알고 나면 상대방의 마음은 훨씬 편해질 것이다. 들킬까봐, 놀림 받을까봐 걱정하던 마음을 내려놓고 경계심도 조금 풀 것이다. 그렇게 되면 서서히 자신의 심리적 장벽을 허물고 속마음도 털어놓게 된다.

다른 사람에게 너무 완벽한 모습을 보이려고 애쓸 필요 없다. 타인을 더 잘 이해하고 싶다면 먼저 '자폭', 즉 자신의 부족한 부분을 '폭로'해보자.

이때 주의해야 할 점이 있다. 그중 하나는 자폭의 주제는 소소한 실패담이어야 한다는 점이다.

"저는 방향감각이 정말 없어요. 오늘 아침에도 엉뚱한 사무실로 들어갔지 뭐예요. 거기 계시는 선배님이 친절하게 알려주셔서 제대로 찾아왔지, 안 그랬으면 출근 첫날부터 지각할 뻔했어요. 정말 바보 같죠?"

첫 출근을 한 날 직장 선배와 식사하는 자리에서 가볍게 이런 얘기를 건네면 직장 선배와의 심리적 거리를 좁힐 수 있다.

이때 성공한 이야기보다 실패한 이야기를 건네는 것이 좋다. 성공한 이야기를 늘어놓으면 자칫 반감을 사기 쉽지만, 소소한 실패담은 친근감을 유발하기 때문이다. 상대방은 당신이 매우 솔직하고 털털한 사람이며, 자신과 특별히 다를 것 없는 사람이라고 느끼고 우호적으로 대하게 될 것이다.

자신을 폭로할 때는 정도를 넘지 않아야 한다. 단점, 결점, 허점, 실수, 실패담 등 무엇이든 좋지만 '크게 문제되지 않는' 수준에서 그쳐야 한다. 너무 큰 문제를 있는 그대로 전부 털어놓으면 상대방이 부담을 느낄 수도 있고, 당신을 오해해 오히려 멀리하게 될 가능성도 있다. 사람들은 '완벽한' 사람을 좋아하지 않는 동시에 '문제가 많은' 사람 역시 좋아하지 않는다.

자신을 폭로하라는 말은 당신의 밑바닥까지 전부 보여주라는 의미가 아니다. 상황과 대상을 고려하지 않고 무조건 남김없이 있는 그대로 이야기한다고 좋은 것도 아니다. 예컨대 회사의 대외비를 함부로 떠벌리고 다녀서는 안 되며, 이런 주제는 심리적 거리감을 좁히는 데 적절하지도 않다. 직장에서는 작은 것을 지키느라 큰 것을 잃어서는 안 된다. 여기서 말하는 결점이나 허점은 당신의 전체적인 이미지에 영향을 주지 않는, 아주 작은 일들을 말한다. 누가 들어도 재미있다고 생각할 작은 실수나 실패담 말이다.

남 이야기를 하는 것도 금물이다. 친해지려는 생각에 자기가 아니라 남의 허물을 화제로 삼는 사람들이 있다. 이 경우 상대방은 그가 대인관계가 원만하지 못하며, 자기 허물은 모르고 남 허물만 캐고 다닌다고 생각할 것이다. 자신도 언젠가 그렇게 당할 수 있다고 여겨 그를 멀리할 것이 분명하다. 다른 사람 이야기를 하면서 관계가 더 돈독해지기를 바라는 건 바보 같은 짓이다.

Women's Psychology 5
업무

여자가 먼저 갖추어야 할 것은
능력보다 심리학이다

상사의 업무 중 직원들의 도움 없이 해낼 수 있는 일은 거의 없다고 해도 과언이 아니다. 경험이 풍부한 상사들은 이런 사실을 잘 알기에 직원들을 관리하는 데 공을 들인다. 그중에서도 현명한 상사들은 심리 전략을 구사해 힘들이지 않고 직원들을 독려하고 자기 사람으로 만들어 능숙하게 업무를 처리한다. 그들은 부하 직원을 꾸짖거나 지시를 내리는 동시에 그들의 열정을 자극해서 업무를 더욱 효율적으로 추진하고, 좀 더 쉽게 성과를 올린다. 여성 상사들에게 이런 심리 전략은 날개가 될 수 있다. 그들은 이미 섬세하게 사람의 마음을 어루만지는 습관이 몸에 배 있기 때문이다.

상벌은 엄하게,
약속은 명확하게!

명확한 상벌제도의 도입과 집행은
상사가 직원들 앞에서 위신을 세우는
심리 전략 중 하나다.

어느 회사든 카리스마 넘치는 관리자들이 있다. 상대적으로 왜소한 몸집에, 버럭버럭 소리를 지르지 않는데도 직원들은 불평 한마디 없이 그의 지시를 따른다. 왜 그럴까? 이런 상사들은 합리적인 상벌제도로 직원을 격려 혹은 독려하는 방법을 제대로 알고 있기 때문이다.

반대로 직원이 조금이라도 틈을 보이면 무조건 윽박지르고 사납게 다그치는 관리자들도 있다. 이렇게 해야 상사로서의 위신이 선다고 생각하지만, 실제로는 직원들의 원성만 살 뿐이다. 어떤 직원이 이런 상사를 좋아하겠는가!

제갈량은 엄격하게 법을 집행하고 명확한 상벌제도를 도입한 것으로 유명하다. 그는 권력을 사사로이 남용한 이엄과 요립은 법으로 엄하게 다스렸지만, 법을 준수하며 청렴결백한 장완과 비위는 크게 칭찬하며 중용했다. 이런 제갈량의 전략은 촉군의 사기를 올리고 전투력을 강화하는 데 크게 기여했다.

명확한 법과 규율, 상벌 제도 및 그 실행의 효과는 오늘날에도 유효하다. 조직의 직책자들은 이 부분을 기억하길 바란다. '상은 불평등하지 않게, 벌은 불균등하지 않게'를 실천해야 직원들을 격려하고 상사로서의 위신이 설 것이기 때문이다. "상으로 믿음을 얻고, 벌로 공정함을 얻으라"라는 말도 있지 않은가!

좋은 상사가 되고 싶다면 엄격한 상벌제도를 마련해야 한다. 예컨대 각각의 업무마다 일이 어떻게 진행되어야 하는지, 각 단계의 최종 확인자는 누구인지, 문제가 생기면 어떻게 처리할지 등을 미리 상세하게 규정해둘 필요가 있다. 합리적인 제도와 공평한 기준이 있어야만 상벌로 얻을 수 있는 결과 역시 공정하고 효과적일 수 있다. 그와 함께 상사들은 다양한 방식으로 직원들을 격려할 필요가 있다. 한 회사의 사장이라면 연봉 인상, 승진, 복지 혜택, 보너스 지급 등을 약속할 수 있을 것이고, 중간관리자라면 업무적으로 혜택을 주거나 맛있는 식사 약속 등을 할 수 있을 것이다. 이를 통해 직원들은 더 열심히 일할 동력을 얻게 된다.

그런데 중요한 것은 어떤 경우든 약속했으면 반드시 지켜야 한다는 것이다. 책임감 없이 함부로 공수표를 남발해서 직원들의 사기를 꺾으면 안 된다. '설마 약속 한 번 안 지킨다고 그걸 따지 기야 하겠어?'라고 생각한다면 오산이다. 직원들은 물과 같다. 물은 배를 움직이게도 하지만, 배를 뒤집을 수도 있다. 직원들이 상사에 대한 신뢰를 잃고 심지어 배신감이나 상처를 받는다면 악감정이 생기지 않겠는가? 그렇게 되면 직원들은 적어도 당신이 하는 일이 잘되기를 바라지는 않을 것이다.

따라서 상사로서 직원들에게 약속을 할 때는 신중해야 한다. 특히 실적이나 판매량이 크게 증가하는 등 좋은 일이 있을 때는 흥분한 상태에서 입에서 나오는 대로 약속을 남발하기 쉬운데, 이를 주의해야 한다.

한편, 경력이 많고 말하기를 좋아하는 직원들은 기회만 있으면 상사를 구슬려 약속을 받아내려고 한다. "목표 판매량을 조기에 달성하면 보너스 주시는 거죠?"라고 말이다. 이럴 때 책임지지 못할 약속을 하지 않도록 주의하자.

그런데 엉겁결에 한 약속일지라도 일단 약속했으면 지켜야 한다. 지나가는 말처럼 한 작은 약속까지 놓치지 않고 지키면 직원들은 당신을 더 믿고 따를 것이다. 만약 아무 약속도 하지 않았지만 직원들이 한마음으로 열심히 일한 덕분에 계획보다 일찍 목표를 달성했을 때, 약속하지 않았지만 보너스를 지급한다면 직원들은 더 크게 감동하고, 신뢰감과 충성심 또한 더 높아질 것이다.

부하 직원을 '내 사람'으로
만드는 전략

자기에게 돌아오는 공을 욕심내지 않고
기꺼이 책임지려는 상사야말로
지혜로운 사람이라 할 수 있다.

직원들의 신뢰와 아낌없는 지지를 받는 상사는 직장에서 승승장
구한다. 그들은 평소에 늘 직원들의 이익을 최우선으로 둔다. 함
께 노력해서 하나의 임무를 완성하고 나면 모든 찬사와 공을 직
원들에게 돌림으로써 그들이 성장할 기회를 마련해준다. 업무 중
에 문제가 발생하면 누구보다 먼저 나서서 직접 책임지려 하지
절대 직원들에게 그 책임을 전가하지 않는다.

　물론 그렇지 않은 상사도 있다. 그들은 공이라면 무슨 수를 써
서라도 절대 남에게 양보하지 않지만, 정작 문제가 생기면 온갖
핑계를 대면서 궁지에서 벗어날 생각만 한다. 당신이 직원이라면

어떤 상사 밑에서 일하고 싶겠는가? 당연히 전자일 것이다.

사실 상사는 직원들의 지원을 받기만 해도 업무를 순조롭게 완수할 수 있다. 그 반대라면 좋은 성과를 기대하기 힘들 테고, 일이 실패로 끝날 수도 있다. 세상에는 오직 한 사람의 힘만으로 해낼 수 있는 일은 많지 않다. 무슨 일이든 서로 힘을 모아 함께 협력할 필요가 있는 것이다. 다시 말해 직장인들에게 협력은 성공의 관건이다.

지금 당신이 여러 직원을 관리하는 상사이고, 설령 그중 누구보다 능력이 뛰어나다 하더라도 당신은 집단의 구성원 중 한 사람임을 잊어서는 안 된다. 직장에서 이룬 모든 성취와 성과가 오롯이 당신 혼자만의 것일 수는 없는 것이다. 모든 좋은 일과 그에 따르는 이익은 직원들과 나누어야 다음 업무에서도 마음을 모아 함께 일할 수 있다.

전부 자기가 잘나서 해낸 것처럼 말하며 거만하게 굴면 부하 직원들은 불만이 쌓일 것이다. 특히 능력 있는 직원들은 더 이상 적극적으로 당신을 도우려 하지 않을 것이고, 그렇게 되면 당신은 당신에게 성과를 안겨주던 날개를 잃게 된다. 다들 시키는 일이야 하겠지만 그들로부터 인정이나 존경을 받을 생각은 아예 접어야 한다. 직장 생활을 오래 해본 사람이라면 알 것이다. 모든 공을 독차지하려는 사람은 동료와 직원으로부터 점점 멀어져 고립을 자초하게 된다는 것을.

직원들이 보기에 완벽한 상사는 공을 탐하지 않는 동시에 책임을 회피하지 않는다. 직원들에게 공을 양보해 성장과 발전의 기회를 제공한다. 어쩌면 능력이 뛰어나 당신의 자리까지 위협하는 직원이 있을 수도 있다. 그는 어쩌면 당신이 뭔가 실수를 하길 기다리고 있을지도 모른다. 만약 그렇게 야심 가득한 직원이 있더라도 눈엣가시처럼 대하며 내리누르려 하지 말고 오히려 그에게 능력을 발휘할 기회를 주자. 그에게 공을 돌려 허영심을 만족시켜주면 그는 자연스럽게 당신을 지지할 것이다. 그리고 나중에 당신이 더 높은 자리에 오르면 이변이 없는 한 그는 지금의 당신 자리에 앉게 될 것이다. 이 시나리오야말로 두 사람 모두에게 가장 바람직한 결말이다.

공을 돌릴 때는 당연히 성과를 내는 데 기여한 모든 직원을 전부 언급하고, 실제로 그 성과를 함께 나누어야 한다. 거창하지 않아도 된다. 다함께 영화를 보거나 맛있는 식사 한 끼를 하는 것도 좋다. 이런 소소한 행사만으로도 직원들은 인정받았다는 생각에 당신을 지지할 것이다.

원래 사람은 좋은 일이 생기면 들떠서 자랑하고 싶은 마음이 든다. 심한 경우에는 종종 자신이 누구인지 잊은 듯 행동하기도 한다. 하지만 상사는 그러면 안 된다. 모두를 대표해서 성과를 인정받더라도 들떠서 거만하게 구는 일은 없도록 하자. 그랬다가는 직원들이 당신의 자만과 위세, 그 높은 콧대를 견디지 못한 나머지 다음 업무에서 당신이 난관에 부딪혀도 그냥 보고만 있을 것이 분명하다. 그러므로 결과가 좋더라도 반드시 평정심을 유지하며 겸손한 자세를 유지해야 한다.

처세에서 가장 어려운 것은 비굴하지도 거만하지도 않은 태도를 유지하는 것이다. 둘 중 어느 한쪽을 고르자면 비굴한 편이 더 낫다. 비굴함은 약간 선을 넘어도 겸손하다는 소리를 들을 뿐, 맞서거나 힘들게 하는 사람은 없다. 반대로 거만함은 아주 조금만 선을 넘어도 사방에 적이 생기게 된다.

직원들의 업무에 어떤 문제가 발생하면 이는 곧 상사인 당신이 제대로 관리 감독하지 못했기 때문에 일어난 것일 수 있다. 이를 인지하고 문제가 발생하면 질책하기보다 먼저 나서서 책임지는 모습을 보이자. 물론 사규를 위반하거나 규율을 어지럽힌 경우, 직장에 중대한 손해를 끼친 경우라면 규정에 따라 처리해야 한다.

이렇듯 현명한 상사는 직원들의 마음을 사서 그들이 자발적으로 돕도록 한다. 그러려면 평소에 공에 욕심내지 않아야 하고 책임을 회피하지도 않아야 한다. 그와 함께 개인적인 매력과 능력을 드러냄으로써 직원들이 기꺼이 당신을 지지하게 하자.

상대의 마음을 정확하게
두드리는 말을 하라

칭 찬 의   심 리 학

심리학자들은 칭찬과 존중이야말로
사람이 살아가는 동력이자 자신의 가치를
인지하는 방법이라고 말한다.

말은 인간관계를 유지하는 기본 도구다. 수많은 말 중에서 사람들이 가장 듣기 좋아하는 말은 당연히 '칭찬'이다. 누군가로부터 칭찬을 들으면 입으로는 "아유, 무슨 말씀을. 과찬이세요", "저 기분 좋아지라고 하시는 말씀인 거 다 알아요"라고 하면서도 얼굴에는 웃음이 가득하다.

그 말이 사실이든 아니든 칭찬을 받으면 사람은 기분이 좋아지게 마련이다. 그래서인지 따뜻한 말로 남을 칭찬하는 사람은 주변에 좋은 인연들로 가득해 사는 것이 편하다. 강조하건대 사람들은 아닌 척해도 분명히 칭찬받기를 무척 좋아한다.

주의해야 할 것은 칭찬의 심리학을 제대로 익히고 있어야 한다는 것이다. 사람들이 좋아하는 것은 칭찬이지, 아첨이 아니다. 제대로 된 칭찬의 기술을 익히지 않으면 진심으로 좋은 의미에서 한 말도 하지 않느니만 못하게 된다.

칭찬은 마음만 있다고 되는 일이 아니다. 시위를 팽팽하게 당겨 목표를 향해 화살을 쏘듯이, 한마디를 하더라도 상대방의 마음을 정확하게 두드려야 한다.

세상에 칭찬을 싫어하는 사람은 없다. 다른 사람에게서 칭찬을 들으면 기분이 좋아진다. 이는 사람에게는 존중받고자 하는 욕구가 있기 때문이다. 칭찬은 이 욕구를 만족시키는 가장 좋은 수단이다.

사실 진심이 담기지 않은 공허한 칭찬은 입만 조금 움직여 몇 마디 던지면 되니 누구나 할 수 있다. 하지만 이런 말은 어떠한 효과도 내지 못하며, 도리어 일을 그르칠 수 있다.

여자는 남자보다 상대방이 듣기 좋아하는 말을 잘하는 편인데, 세심하게 상대를 관찰하거나 공감을 중요시하는 여자들의 특성 때문일 것이다. 이런 능력을 잘 개발해 일과 생활에서 활용하면 좋을 것이다.

칭찬을 통해 목적을 달성하고자 할 때, 몇 가지 주의해야 할 점이 있다.

첫째, 진정성이 담겨야 한다. 칭찬은 상대방의 좋은 점이나 착하고 훌륭한 일을 높이 평가하고 격려하는 말이다. 그런데 어떤 목적을 숨긴 채 진심이라고는 하나도 없이 허풍을 더해 환심을 사려고 한다면 오히려 반감만 불러일으킬 수 있다. 또 상대방이 기분이 안 좋거나 속상할 때 하는 칭찬은 아무런 효과를 내지 못한다. 자기 마음도 헤아려주지 못하는 사람에게서 무슨 진정성을 느끼겠는가! 그러므로 칭찬을 할 때는 상황을 살핀 후 진정성을 담아서 해야 한다.

둘째, 최고의 자랑거리를 칭찬한다. 누구나 가장 자랑스럽게 생각하는 부분이 있으며, 다른 사람들이 이를 알아주고 인정해주기를 바란다. 따라서 칭찬을 할 때는 상대방이 가장 자랑스러워하는 부분, 가장 큰 성공 등을 언급해야 한다.

셋째, 디테일하게 칭찬한다. 대충 하는 칭찬은 진심을 의심하게 한다. 칭찬할 때는 좀 더 디테일한 부분을 콕 집어서 언급해야 상대방을 더 기쁘게 만들 수 있다. 예컨대 단순하게 "옷 잘 어울리네"라고 말하는 것보다 "옷 색깔이 얼굴을 화사하게 만들어줘서 더 예뻐 보여"라고 하는 편이 좋다.

넷째, 정확하게 말한다. 정확하지 않고 두루뭉술하게 칭찬하느니 차라리 침묵을 지키는 편이 더 낫다. 모호한 칭찬은 자칫 상대방을 더 민망하게 만들 수 있으니 주의해야 한다. 칭찬을 한답시고 "괜찮네요", "나쁘지 않아요" 같은 말을 건네면 오히려 상대방을 짜증스럽게 할 뿐이다.

다섯째, 함부로 칭찬하지 않는다. 정도를 잘 지킨 적당한 칭찬은 듣기에 편안해서 상대방도 기분 좋게 받아들일 것이다. 반대로 과도한 칭찬은 마음에도 없는 말을 가볍게 하는 것 같은 인상을 준다. 무조건 좋은 말만 늘어놓는다고 칭찬이 아니다. 중심을 잘 잡고 적당한 선에서 해야 한다.

사실 칭찬은 참으로 어려운 일이다. 말로만 몇 마디 한다고 상대방이 감동할 리 없고, 쉬지 않고 찬양한다고 믿음이 가는 것도 아니다. 칭찬은 불 타 오르듯 하는 것이 아니며, 자연스러워야 한다. 적당한 칭찬은 사람을 편안하게 만들지만, 그 반대라면 사람을 거북하게 만들고 반감만 사게 된다는 것을 기억하자.

어려운 업무를 맡길 때는
부탁하지 말고 자극하라

격 장 술

대부분의 사람들은 한계에 도전해
잠재력을 최대로 발휘하고픈 갈망이 있다.
특히 성공을 바라는 사람은 더욱 그렇다.

"나무는 껍질이 벗겨질까 두렵고, 사람은 자존심을 건드릴까 두렵다"라는 말이 있다. 원래 사람은 부정당할수록 자신을 증명하고, 압박이 강할수록 저항하려는 심리가 있다. 현명한 상사는 이런 심리를 잘 이용해 직원이 기꺼이 어려운 업무를 맡아 최선을 다하도록 유도한다.

방법은 간단하다. 직원에게 업무를 맡길 때 '이 일은 매우 까다롭고 어려운 일이라 대단한 실력과 충분한 시간이 없으면 불가능한 일'이라고 말함으로써 도전의식을 불러일으키는 것이다.

이 말을 들은 직원은 머릿속으로 갖가지 생각을 다할 것이다.

'지금 나를 무시하는 거야? 내가 기한 내에 해내면 어떻게 생각할까? 이번이야말로 내 능력을 증명할 때가 아닐까?' 그렇게 업무를 맡은 직원은 주어진 시간보다 훨씬 빠르게 임무를 훌륭하게 완수한다.

이는 일부러 자극적이거나 반어법적인 말로 상대방의 투지와 사기를 진작해 자신이 원하는 방향으로 이끄는 심리 전술로, '격장술(激將術)'이라고 한다.

보통 때 직원들은 당연히 힘들고 어려운 업무를 맡길 싫어한다. 위에서 시키면 어쩔 수 없이 하기는 하지만, 실제로 전력을 다할지는 미지수다. 이때 상사는 '이 업무를 통해 당신의 뛰어난 능력을 증명할 수 있을 것'이라고 암시해야 한다.

같은 병이라도 환자에 따라 처방이 달라지듯 직원에게 격장술을 사용할 때는 대상에 따라 정도와 방식을 달리해야 효과를 얻을 수 있다. 따라서 상사는 직원의 아킬레스건이 무엇인지 알아야 한다. 격장술은 일종의 '역반응'을 이용한 심리 전술이다. 기대를 충족하고 효과를 얻으려면 부탁하지 말고 자극, 그것도 치명적인 자극을 가해야 한다. 예컨대 과시형 직원에게는 "맞아, 당신도 힘들 거야. 누구나 한계는 있으니까"라고 말해보자. 그러면 그는 분명히 당신의 요청을 받아들이겠다고 할 것이다.

그런데 이때 상대방이 심리적으로 받아들일 수 있는 선이 어디까지인지를 알아야 한다. 자극이 너무 약하면 관심을 불러일으키지 못해 효과도 없이 헛수고를 하게 된다. 반대로 자극이 너무 강하면 오히려 겁을 먹고 포기할 수 있다.

　표현에도 주의해야 한다. 격장술을 시도할 때는 표현이 너무 담담해도, 너무 감정적이어도 안 된다. 너무 부드럽게 부탁하듯이 말하면 효과가 없고, 그렇다고 너무 공격적으로 말하면 무시하는 것처럼 들릴 수 있다. 따라서 적당한 정도로 직원의 자존심을 자극할 수 있는 표현을 사용해야 한다.

지시는 명확하게
구체적으로!

지시의 목적은 목표를
달성케 하는 것이다.

어떤 직장이든 직원을 관리하는 위치에 있는 사람이라면 크든 작든 지시를 내려야 한다. 지시란 상사가 소속 직원들에게 질문, 부탁, 요청, 강제 등의 방법으로 업무 계획에 포함된 다양한 임무를 집행해 목표를 달성케 하는 조직 관리 방식이다. 쉽게 말해서 지시는 업무 계획을 실행할 때 꼭 필요한 일이다.

상사는 자신이 내린 지시에 책임질 의무가 있다. 따라서 지시를 내릴 때는 반드시 명확하게 표현해 직원들이 목표를 정확하게 이해하고 집행하도록 유도해야 한다.

실제로 상사와 직원 사이에 표현이 정확하지 않아서 불협화음이 생기고 시간을 낭비하는 경우는 매우 흔하다. 심한 경우 서로 감정까지 상해서 관계에 부정적인 영향을 미치기도 한다.

명확한 지시는 상사가 반드시 갖추어야 할 업무 기술 중 하나다. 예를 들어 보고서를 쓰라고 지시했다면 처음부터 부하 직원에게 원하는 보고서 내용과 양식에 대해 알려줘야 한다. 그러면 직원은 보고서에 포함해야 할 내용과 포함하지 않아도 될 내용을 정확하게 이해하고 상사가 원하는 보고서를 써 올 것이다. 이렇게 하면 상사도 좋고, 직원 입장에서도 여러 번 보고서를 고쳐 쓰면서 괜히 좌절감을 느끼는 일 따위는 없을 것이다.

그런데 마치 직원과 스무고개라도 하는 양 모호하게 지시를 하는 상사들이 있다. 이런 경우 직원이 궁금한 점을 질문해 지시의 의도를 알아내면 좋겠지만, 직원에게는 이 또한 어려운 일이다. 그래서 상사가 한 말을 종합해서 그 의도를 유추하려고 애쓴다. 추측이 맞으면 다행이지만, 틀리면 시간을 낭비하는 것은 물론, 오해가 생기고 정작 중요한 일을 놓치게 될 수도 있다. 결국 직원은 상사에게 좋은 소리도 못 듣고, 업무 효율도 떨어진다. 직원은 화가 나겠지만 따질 수도 없는 노릇이다.

한 상사가 직원을 불러서 말했다.

"지난달 실적이 좋지 않아요. 아무래도 문제점을 찾아내 개선해야겠어요."

"저희도 그렇게 생각합니다. 혹시 윗분들께서 생각해두신 방안이 있나요? 회사가 바라는 것이 정확히 무엇인가요?"

"회사가 바라는 건 당연히 직원들이 더 잘해내는 거죠. 실적을 올리면 돼요."

이 상사가 한 말은 직원에게 아무런 정보도 주지 못하고 아무런 효과를 일으키지도 못한다. 구체적인 목표와 방안을 하나도 제시하지 않았기 때문이다. 두 사람의 대화는 제대로 된 소통이라고 할 수 없으며, 이 직원은 결국 자기 생각대로 일을 처리하게 될 것이다.

직원에게 큰 방향을 잡아주고, 구체적인 지침과 목표를 언급하며, 다음 계획까지 알려줘야 좋은 지시라 할 수 있다. 예를 들어 "계획에 따라 이번 주 안에 1단계 판매 실적을 달성하는 걸 목표로 하죠. 그리고 다음 주 초에 이번 주의 업무에 대해서 면담을 하겠습니다. 괜찮은가요?"라고 말해야 한다. 여기에는 업무의 양과 시간, 그리고 다음 계획까지 명확하게 들어 있다. 이렇게 해야 모호한 지시 탓에 발생할 수 있는 오해와 헛수고를 줄일 수 있다.

아랫사람에게
기회를 주면 생기는 일

직원에게 권한을 맡겨 상사가 자신을
눈여겨보고 있다는 기분이 들게 하면
능력을 최대치로 발휘할 것이다.

조직관리 이론의 핵심은 '인간'이다. 전문가들은 조직 구성원을 존중, 신뢰, 보호, 격려하는 방식이야말로 최고의 조직관리라고 조언한다. 상사는 직원들에게 권한을 나눠 맡김으로써 그들이 스스로 주인의식과 책임감을 발휘하도록 유도할 수 있다. 그러면 직원들은 상사가 자신에게 맡긴 권한을 감사히 여기며 스스로 신뢰와 존중을 받고 있다고 여기고, 최선을 다해 능력을 발휘할 것이다. 또 상사는 권한을 내줌으로써 직원들의 존경과 지지를 얻을 뿐 아니라, 바쁜 업무에서 해방되어 한숨 돌릴 수 있고, 그 다음 일을 구상할 수 있게 된다.

그런데 어느 직장에나 이런 심리 전략을 알지 못하는 상사들이 꼭 있다. 그들은 마치 안달복달하는 운명을 타고난 듯 모든 직원이 자신의 시야 안에서 움직이고 자신의 통제 아래에서 일하기를 바란다. 그들은 직원의 업무 능력이나 관리 능력을 믿지 못하고 늘 불안해하는데, 그럴수록 모든 지시와 명령에 감정이 더 실리게 된다. 또 큰일이든 작은 일이든 무조건 자기 손으로 해야 직성이 풀리는 상사도 있다.

이렇게 하면 직원은 배우고 성장할 기회를 잃고 점점 상사에게 더 많이 의존하게 된다. 상사는 상사대로 매일 심신이 고달플 정도로 일하지만, 직원들로부터 이해와 존중을 받지 못한다.

혹시 직원을 당신이 하는 일에 사용하는 도구 정도로 생각하고 있지는 않은가? 만약 그렇다면 이런 봉건주의적인 사고방식을 당장 버려야 한다! 지금은 직원 개인의 가치를 존중하고, 그에 따라 새로운 직원 관리 시스템을 설계·시행해야 하는 시대다. 그 핵심은 바로 직원에게 권한을 맡겨 그들에게 실력을 드러낼 기회를 제공하는 것이다. 상사는 일을 처음부터 끝까지 도맡는 사람이 아니라 각 업무의 특성을 정확하게 파악해 필요한 직원들을 적재적소에 잘 배치하는 사람인 것이다.

직원에게 권한을 부여할 때는 하기 싫은 일을 떠넘기는 것이 아니라 그 자체를 교육과 훈련의 기회로 삼을 수 있게 해야 한다. 그렇게 하면 상사는 일을 줄일 수 있고, 직원은 실력을 갈고닦는 동시에 능력을 드러낼 수 있다.

물론 이는 단순한 업무 지시와는 다르다. 직원 개개인의 능력 및 기대에 맞게 각자에게 가장 적합한 업무를 부여하고 권한을 넘기는 것이 중요하다.

그런데 알다시피 권한에는 의무가 따르는 법이다. 따라서 직원들이 구체적으로 어떠한 목표를 언제까지 달성해야 하는지 등을 정확하게 숙지하고 책임감을 느끼게 해야 한다. 그래야만 직원들이 맡은 업무를 성공적으로 완수할 확률이 높고, 그 일을 통해 자신감을 키울 수 있다.

다만, 직원들에게 권한을 부여하고 업무를 맡길 때는 일일이 시렁을 하듯 해서는 안 된다. 직원들은 곧잘 하는 것 같다가도 당신이 없으면 어떻게 해야 할지 몰라 허둥댈 것이다. 그러나 불안하더라도 과감하게 맡겨야 한다. 직원들이 자신의 능력을 활짝 펴 보일 수 있게 말이다.

부드러운
질책의 기술

부정당하기를 좋아하는 사람은 없다.
질책을 하더라도 자존심과 자신감은
훼손되지 않게 하라.

"금은 순금이 없고, 사람은 완벽한 사람이 없다"라는 말이 있다.
상사로서 당신은 잘못을 저지른 직원을 마주하고 질책해야 할 때
가 분명히 있을 것이다. 이때 어떤 식으로 질책하는가가 곧 상사
로서의 품격을 보여준다. 가장 좋은 방법은 역시 '샌드위치' 기법
이다. 어떤 직원이 문제를 일으켰거나 일을 제대로 하지 않았을
때, 직설적으로 비난해봤자 효과가 좋을 리 없다. 대신 먼저 칭찬
한 후에 잘못을 지적하고, 다시 칭찬으로 마무리해야 한다. 이렇
게 칭찬 사이에 질책을 끼워 넣으면 훨씬 효과적이다.
　미국의 유명한 기업가 메리 케이 애시는 잘못한 직원에게 언제

나 샌드위치 기법으로 말해서 좋은 효과를 거두었다고 한다.

"질책의 최종 목표는 직원들이 자존감이나 자신감을 잃게 하는 것이 아닙니다. 일에 관해서만 이야기해야지 개인의 감정이 들어가면 안 되죠. 저는 직원을 질책하기 전과 후에 꼭 칭찬을 덧붙입니다. 그러면 나도 그도 크게 화날 일이 없어요."

상사라면 메리 케이 애시의 방법을 기억할 만하다. 예를 들어, 직원이 회사의 유니폼과는 어울리지 않는 튀는 헤어스타일을 하고 출근했다면 이렇게 말할 수 있을 것이다.

"오늘 머리 정말 예쁘네요(제1단계: 칭찬). 우리 회사 유니폼에는 좀 튀는 게 어울리지 않지만요(제2단계: 질책). 머리를 이렇게 하니까 훨씬 밝아 보여요(제3단계: 칭찬)."

사실 어떤 식으로 말하든 질책이나 비판은 결코 유쾌한 일이 아니다. 그러므로 질책을 할 때는 사용하는 단어나 어조에 주의하고, 따뜻하고 우호적인 분위기를 만드는 것이 좋다. 그리고 다음의 사항들을 염두에 두도록 하자.

첫째, 질책 전에는 칭찬을 충분히 한다. 긍정과 칭찬은 직원의 긴장감과 공포심을 줄여준다. 칭찬을 충분히 해서 직원이 편해졌다 싶을 때 진짜 하고 싶은 말을 해서 그가 자신의 잘못을 이성적으로 돌이켜보도록 해야 한다. 그렇지 않으면 자신이 잘못한 걸 알면서도 감정적으로 반응할 수 있다. 대화를 마무리할 때는 다시 긍정과 칭찬을 반복해서 그가 더 좋은 마음으로 당신의 사무실을 나갈 수 있게 한다.

둘째, 직원의 자존심을 상하게 하지 않는다. 질책이나 비판을 할 때는 반드시 상대방의 체면을 고려하고 자존심이 상하지 않게 해야 한다. 예를 들어 이렇게 말할 수 있을 것이다. "나도 비슷한 일을 겪은 적 있어… 슬럼프에 빠졌을 때 가장 중요한 것은 슬럼프 기간을 최소화하는 거야. 너처럼 똑똑한 사람이 이런 잘못을 다시 저지르지는 않겠지. 그동안 다른 사람들보다 월등히 잘해왔잖아. 앞으로 다시 이런 일을 만들지 않으면 돼…."

셋째, 마무리는 반드시 우호적인 분위기에서 칭찬을 건네는 것으로 한다. 부정당하기를 좋아하는 사람은 없다. 직원들도 마찬가지여서 심하게 질책을 당하면 압박감을 느끼고, 심지어 저항감마저 갖게 될 수 있다. 이렇게 되면 이후 소통을 하는 데 문제가 생길 수 있다. 이런 상황을 피하려면 우호적인 태도로 마무리하고 앞으로의 기대감을 드러내야 한다. "앞으로 더 잘할 거라고 믿어" 같은 말로 격려와 당신의 신뢰를 전달하는 것이다. 반대로 화를 못 이겨 "다음에 또 이런 일이 생기면 그냥 넘기지 않겠어!"라고 말한다면 직원은 이를 일종의 경고로 인식하고 심한 압박감을 느낄 것이다.

넷째, 적당한 장소를 택한다. 다른 직원들이 다 보는 곳에서 질책하는 것은 바람직하지 않다. 질책을 하는 장소로는 독립된 사무실, 조용한 회의실, 점심시간 후의 휴게실 혹은 사무실 근처의

카페 등을 추천한다.

이렇게 하면 직원의 자존심과 자신감에 상처를 입히지 않는 동시에 그가 긍정적인 마음으로 비판을 받아들여 실수나 부족한 부분을 만회케 할 수 있다.

Women's Psychology 6
인기

어디서나 환영받는
여자를 위한 심리학

세상에 완벽한 사람은 없다고들 한다. 반박할 수 없는 사실이다. 하지만 어디서나 환영받는 사람이 되고 싶다면 완벽하지는 않더라도 꾸준히 더 나아지기 위해 노력해야 하지 않을까!

그러려면 우선 자기 스스로 당당해져야 한다. 다른 사람과의 관계를 신경 쓰기에 앞서, 다른 사람을 위하기에 앞서 자기 스스로 바로 서고, 스스로 자신에 대해 아는 지혜가 필요하다. 자신의 장단점, 처지와 능력을 정확히 알고 스스로를 아낄 때 지금보다 더 나아지기 위해 무엇을 어떻게 해야 하는지 파악할 수 있고 전략도 세울 수 있다. 셀프 심리학이 스스로 당당하고 어디서나 환영받는 여자가 되게끔 도울 것이다.

자신의 장단점을
객관적으로 바라볼 수 있는가?

오직 객관적인 자기 인식만이 개인의
건강한 발전을 견인할 수 있다.

우리는 세상에 완벽한 사람이란 없다는 사실을 알고 있다. 하지만 여전히 많은 여자들이 스스로 생각하는 부족한 점, 예컨대 외모, 능력, 신체적 단점 때문에 자신을 비하하거나 열등감을 느낀다. 문제는 부족한 부분에 집중하느라 잘하는 일, 우수한 부분에는 눈길을 주지 않는다는 데 있다. 심지어 그들은 자신을 원망하거나 스스로 애달파 하면서 살아간다. 대인관계에서도 늘 피동적이고, 먼저 나서는 법이 없다. 그렇게 새로운 사람을 사귈 기회를 스스로 포기한다.

거꾸로 어떤 여자들은 자신의 장점만 본다. 대책 없이 낙관적인 그들은 늘 자신이 옳다고 확신하면서 다소 과도한 '셀프 칭찬'을 아끼지 않는다. 자신이 굉장히 적극적이고 긍정적인 사람이라고 여기지만, 실제로는 늘 상대방으로부터 거절당하거나 무리로부터 배척당하곤 한다.

독일의 유물론자 루드비히 포이어바흐는 "자신을 정확하게 인식하는 사람은 마음속에 세상을 두루 비추는 등불을 밝힌다"라고 말했다. 반면 자신을 정확하고 객관적으로 바라보지 못하는 사람이 걷는 길은 심하게 굽이치고 험난하다. 그들은 자신이 어디에서 왔고 어디로 가는지 알지 못하며, 늘 길을 잃고 헤맨다.

'자기 인식(self-awareness)'은 긍정적이든 부정적이든 어느 한쪽으로 치우치면 좋지 않다. 자신을 똑바로 정확하게 바라보지 못하는 사람은 늘 문제에 부딪히며 좌충우돌한다. 자기 인식은 그 사람의 생활, 심리, 사고, 인간관계 등에 큰 영향을 미치기 때문이다. 즉, 오직 객관적인 자기 인식만이 개인의 건강한 발전을 견인할 수 있다.

살면서 혹시 스스로 이 정도면 '착하다', '배려한다', '옳다'고 생각했는데, 알고 보니 사실은 자신이 반드시 고쳐야 할 결점이 많은 사람이었다는 사실을 깨달은 일이 있는가? 다시 한번 말하지만 세상에 완벽한 사람은 없다. 사람이란 장점뿐 아니라 단점까지 모두 가지고 있는 독립적인 개체다. 중요한 것은 그 장단점을 얼마나 객관적이고 공정한 눈으로 보는가이다. 즉 자기 인식이 얼마나 제대로 되는가이다.

자기 인식은 자신에 대한 정확한 인지와 평가로 이루어진다. '자기 인지'는 개인의 특성을 밝혀내는 것이고, '자기 평가'는 '자기 인지'를 기초로 자신을 판단하는 것이다.

자신을 정확하게 인식하기 위해서는 객관적인 정보를 수집해야 한다. 그러기 위해서는 스스로 내리는 평가 외에 주변 사람들이 자신을 어떻게 보는지도 알아야 한다. 부모, 형제, 친구, 동료 등에게 자신이 어떤 사람으로 보이는지 솔직하게 평가해달라고 요청해보자. 다양한 경로로 여러 정보를 확보할수록 더 전면적이고 객관적인 자기 인식이 가능하다.

또 자신을 있는 그대로 받아들여야 한다. 사람들이 가장 많이 저지르는 실수 중 하나는 자신의 장점은 받아들이면서 단점이나 결점은 모르는 척하거나 인정하지 않는 것이다. 그러나 스스로 자신을 있는 그대로 받아들여야만 타인에게도 인정받을 수 있는 법이다.

잘하는 것과 못하는 것, 성공한 것과 실패한 것 등 여러 방향에서 있는 사실을 그대로 받아들여야 한다. 단점을 가진 자신을 비판해서도 안 되고, 잘났다고 의기양양해서도 안 된다. 비굴하지도 거만하지도 않은 태도만이 자신을 더 건강하게 발전시키고 성공으로 이끌 수 있다.

설령 부족한 점이 있더라도 지식이나 기술, 성격 등 누구에게

나 있는 단점은 분명히 수정하거나 보완할 수 있다. 조급하게 생각하지 말고 긍정적인 태도로 차근차근 부족한 부분을 채워나갈 기회로 삼길 바란다.

열등감은 어떻게
자신감이 될 수 있나?

스스로 처참함 속으로 걸어 들어가는 사람은
절대 아름다워질 수 없고, 자신의 능력을 믿지
않는 사람은 절대 성공할 수 없다.

여자는 기질적으로 인간관계를 통해 세상을 바라보는 데 익숙하
다. 그런데 안타깝게도 이런 능력을 살리기는커녕 자신이 실력,
소양, 외모, 경제력 등에서 부족하다고 여기고 열등감을 느끼는
여자가 많다. 이들은 이런 생각 때문에 움츠러든 나머지 자신의
다른 매력을 적극적으로 드러낼 엄두도 못 낸다.

　이런 사람은 다른 사람들 앞에서 자신의 생각을 당당하게 이야
기하지 못할 뿐 아니라 걱정이 많아 뭘 해도 항상 전전긍긍한다.
또 주관적으로 행동하기보다 다른 사람이 하자는 대로 따르는 데
익숙하다. 사람들은 차츰 그런 사람과 어울리는 게 시간 낭비라

고 여기며 점점 멀어져간다.

하지만 누구에게나 부족한 부분은 있다. 그러니 자신의 부족한 부분을 확대해석할 필요 없으며, 자신의 매력을 무시하거나 비하해서도 안 된다. 자신감은 당신을 빛나게 하는 가장 아름다운 옷이 되어줄 것이다.

사교는 일종의 능력이자 예술이다. 여자는 자신감이라는 아름다운 겉옷을 입기만 해도 각종 관계와 상황에서 빛을 발할 수 있다. 과하지도 부족하지도 않은 적절한 자신감으로 자신을 드러내면 사교에 실패할 리 없다.

열등감은 자신감의 천적이다. 우리는 열등감을 극복해 좀 더 적극적으로 자신을 드러내는 법을 배워야 한다. 이를 위해서는 기억해야 할 것이 두 가지 있다.

그 하나는 긍정적인 자기암시로 스스로를 응원하는 것이다. 어떤 사람을 사귀고 싶을 때는 어떻게 해야 할까? 이럴 때 자기 생각을 드러내지 않고 혼자 끙끙 앓아봤자 소용없다. 일을 그르치고, 그 결과 자신을 원망만 하게 될 것이다. 이럴 때는 스스로 세워놓은 마음속의 바리게이트를 용감하게 걷어내야 한다. 그러려면 사전에 자신에게 끊임없이 말해줄 필요가 있다.

'나는 실력도 있고 무한한 잠재력이 있어서 잘해낼 수 있어. 다른 사람이 신뢰할 만한 성격이고, 남을 배려하는 습관 때문에 호감이 가는 사람이야. 나는 지금보다 더 나아질 수 있고, 반드시 그

렇게 될 거야!'

이렇게 긍정적인 자기암시로 마음을 다지면 열등감은 줄어들고 자신감은 커진다. 이렇듯 좀 더 대담한 기개를 발휘해 적극적으로 나아가 원하는 것을 손에 넣길 바란다.

또 하나는 적극적으로 나서서 주목을 받아야 한다는 것이다. 실력이 부족하기 때문에, 환경이 나쁘기 때문에, 외모가 예쁘지 않기 때문에, 배움이 부족하기 때문에…, 지금 혹시 이런 온갖 이유들로 자신을 한쪽 구석에 처박아두고 있지는 않은가? 그렇다면 이제부터라도 자기 비하와 열등감을 버리고 적극적으로 나서도록 하자.

직장인이라면 상사가 묻기 전에 자신이 어떤 일을 어떻게 했는지 알리고, 자신이 어느 부서에서 어떤 업무를 담당하고 있는지 말하며, 먼저 타 부서 사람에게 다가가 관계를 만들어보자. 혼자 아무리 열심히 해봤자 자신의 노력, 열정 등을 드러내지 않으면 소용없다. 주변에 당신에 대해 알려야 당신이 그들을 위해서 무엇을 했고, 무엇을 할 수 있는지 사람들이 알 수 있다. 이것은 자신감을 드러내는 방법이기도 하다. 자신감을 드러낼 때 새로운 길이 보이고 행복한 삶이 시작된다는 것을 기억하자!

자신감과 잘난 척은
종이 한 장 차이

자기 잘난 맛에 사는 사람은 어디에서도
환영받지 못한다.

자신감은 '자신을 믿는 마음'이다. 남들이 아무리 칭찬해도 정작 스스로 자신을 믿지 못하고 부정적으로 바라본다면 타인의 칭찬은 아무 의미가 없다. 에머슨은 '자신감은 성공의 첫 번째 비결'이라고 말했다. 이 말처럼 자신감이 있는 여자는 마치 아름다운 풍경처럼 사람을 매혹하고 가까이 끌어당기므로 대인관계에서 큰 힘을 발휘한다.

올바른 자신감은 정확한 자기 인식을 토대로 자신의 장점을 발견하고 능력을 긍정하는 데서 시작된다. 문제는 자신감과 잘난 척이 종이 한 장 차이라는 점이다. 자신감이 있는 사람은 호감을 얻지만, 자기 잘난 맛에 사는 사람은 미움만 사게 된다.

사실 작정하고 잘난 척하는 게 아니더라도 자신감이 과하면 그게 곧 거만하고 잘난 척하는 걸로 보일 수 있다. 사람마다 관점이 다르고 표현 방법이 다르기 때문이다.

이렇게 자신감이 계속 과하게 표출되면 주변 사람들은 불편함을 느낀다. 심지어는 '잘난 척하는 꼴'이 보기 싫어서 말도 섞지 않으려 할 수도 있다.

사람들이 당신을 불편해하고 멀리한다고 느낀다면, 당신의 행동을 되돌아볼 필요가 있다. 당신은 자신감이라고 생각하지만 다른 사람 눈에는 잘난 척으로 비칠 수도 있기 때문이다. 그럴 때는 의도치 않았더라도 실수를 인정하고 고치려고 노력하자.

많은 사람이 좋아하고 늘 환영받는 사람은 잘생기거나 예쁜 사람이 아니라 자신감이 있는 사람이다. 이런 사람들은 외모와 별개로 자신만의 독특한 매력을 가지고 있다. 의도하지 않아도 작은 행동, 말 한마디, 미소 한 번에 그 매력이 묻어난다. 이를 알기에 그들은 자신이 얼마나 잘났는지 요란하게 떠벌리지 않으며, 정도를 지킬 줄 안다. 이런 자신감은 자만과는 다르다. 자신감은 높은 자존감을 의미하며, 자존감이 높은 사람일수록 타인으로부터 인정과 환영을 받는다.

장자는 '스스로 자신을 잘 아는 지혜'에 대해 말한 바 있다. 이 말은 곧 다양한 각도에서 자신을 바라보고 이해하라는 의미다.

장점만 보면 자만할 수 있고, 단점만 보면 열등감을 갖게 된다. 누구나 장점도 있고 단점도 있다. 항상 밝은 눈으로 자신을 살펴 장점을 찾는 동시에 단점을 볼 수 있어야 더 나은 자아로 성장해갈 수 있다.

이때 필요한 것은 겸손이다. '겸손한 사람이 되라'는 말은 타인의 눈치를 보라는 의미가 아니다. 당신의 자신감이 정도를 넘지 않았는데도 상대방이 기분 나빠한다면, 그것은 질투에 불과하다. 이는 자신감이 부족한 그들의 문제이므로 신경 쓸 것 없으며, 해결해보겠다고 무슨 대책을 세울 필요도 없다. 그저 자신감을 잃지 않고 성실하게 생활하면 된다.

신은 거만한 사람을 처단하고, 겸손한 사람에게 복을 내린다. 혹시 스스로 잘났다고 생각하고 있는가? 그렇다면 즉각 자신을 돌아보고 자신감과 겸손함을 모두 갖춘 사람이 되어야 한다. 자기 잘난 맛에 사는 사람은 어디에서도 환영받지 못하기 때문이다.

자나 깨나
입조심!

말과 행동은 정도를 벗어나지 않게,
일을 할 때는 융통성을 발휘해야
운신의 폭이 넓어진다.

여러 사람, 특히 말하기를 좋아하는 사람들이 모이는 곳에서는 탈이 나게 돼 있다. 사람들은 친구와 비밀을 공유하면서 관계를 쌓곤 하는데, 특히 여자들 중에 이런 사람이 많다. 그들은 아무리 오래 만나고 좋은 사람인 걸 알지라도 공유하는 비밀이 없으면 왠지 거리감이 느껴진다. 하지만 사회생활을 하다 보면 '말을 너무 많이 해서' 난처해지는 일이 분명히 생긴다. 함께 얘기 나눈 사람이 이해심 많고 입이 무거운 사람인 줄 알았는데, 알고 보니 가십거리를 파헤치고 다니면서 온 사방에 소문을 퍼트리는 사람인 경우도 있다. 또 어떤 의도를 가지고 접근한 사람에게 홀랑 넘어가 그가 유도하는 대로 주절주절 떠들었다가 뒤통수를 맞는 일도 부지기수다.

이런 일은 일단 발생하면 어떻게 손 쓸 도리가 없으며, 자기 입으로 한 말이니 뭐라고 반박하기도 어렵다. 이런 일을 방지하고 진심이 통하는 좋은 관계를 맺고 싶다면 신뢰를 쌓되 사생활이나 비밀을 전부 말하는 것은 삼가야 한다.

사회라는 곳은 쉽게 말이 나오는 곳이므로, 항상 말과 행동을 조심해야 한다. 특히 직장에서 인정받고 남들보다 앞서가고 싶다면 업무 능력을 키우기 위해 노력하는 것은 물론이고, 반드시 입조심을 해야 한다.

믿고 의지하던 직장 동료와 사적으로도 가까이 지내다 너무 격의 없는 나머지 개인적인 얘기까지 했다가 다음 날 자기 이야기가 온 회사 사람들 귀에 들어갔다는 걸 알게 되면 기분이 어떻겠는가? 그런 일이 당신에게 일어나지 말라는 법은 없다.

직장 동료나 선후배와 친해진 나머지 사생활이나 작은 비밀을 얘기하고 싶어질 때는 세 번 이상 생각해보고 행동에 옮기도록 하자. 무심결에 웃고 떠드는 사이에 당신의 경력과 인간관계가 무너질 수도 있기 때문이다.

일상에서도 마찬가지다. 타인과 진솔하게 대화하되 너무 단순하게 굴어서는 안 된다. 할 말과 못 할 말을 구분하는 것이야말로 자신을 지키는 방법이다.

사적인 주제 중에서도 특히 다른 사람에게 하지 말아야 할 이야기가 있다. 재산과 관련된 이야기, 지극히 개인적인 일에 관한 이야기, 인간관계에 관한 이야기가 그렇다.

좋은 일이지만 그것을 아는 사람이 적을수록 좋은 일도 있는 법인데, 돈에 관한 이야기가 바로 그렇다. 재산이 좀 있다고 괜히 그 이야기를 다른 사람에게 했다가는 질투심을 유발할 수도 있고 돈을 빌려달라는 부탁을 받게 될 수도 있다. 다른 사람 앞에서는 부유함을 뻐길 필요도 없고, 가난하다고 울 필요도 없다. 재산 문제에 관해서만큼은 조금 덜 솔직해도 된다.

친한 사람과 어울리다 보면 '안 그래야지' 하다가도 자기도 모르게 개인적인 일, 예컨대 부부 사이의 일, 건강 문제, 자녀 문제 등 잡다한 집안 이야기들을 할 때가 있다. 그렇게 당신이 고민을 시시콜콜 털어놓을 때, 상대방은 속으로 웃으며 한심하다고 생각할 수도 있다. 반대로 상대방의 지극히 개인적인 일을 알려고 하거나 그에 대해서 함부로 말해서도 안 된다. '이 정도야 괜찮겠지'라며 무심코 뱉은 말들이 나중에 전부 당신에게 되돌아올 수 있다는 것을 기억하자.

살면서 누군가에게 불만이 생기고 속으로 수천 번 욕하는 일이야 얼마든지 있을 수 있다. 하지만 절대 이를 입 밖으로 꺼내서는 안 된다. 또 상대방이 누군가를 험담하려고 하면 서둘러 자리를 피하는 것이 좋다. 피할 수 없는 상황이라면 최소한 말이라도 섞지 말아야 한다.

우리는 사람들과 어울릴 때 무슨 말을 하고, 하지 말아야 하는 지에 관한 기준을 세울 필요가 있다. 특히 관계를 중요시하는 여자들의 경우에는 반드시 말과 행동에 신중해야 하며, 입조심을 해야 한다. 그래야 난처한 상황에 빠지지 않을 수 있으며, 좋은 관계를 오래도록 유지할 수 있다.

그냥 보이는 대로
세상을 보라

세상만사가 전부 하찮다는 듯 사는 것도,
너무 진지하게 사는 것도 좋지 않다.

한 농부가 달걀 바구니를 옮기다가 실수로 그중 하나를 떨어뜨렸다. 깜짝 놀란 그는 크게 한숨을 쉬며 생각했다. '이 달걀을 어미 닭이 품었다면 병아리가 되었을 텐데…. 그 병아리가 커서 어미 닭이 되었다면 달걀도 많이 나았겠지? 그 달걀이 전부 부화했다면 병아리가 되고, 다시 어미 닭이 되었을 텐데…' 생각을 거듭하던 그는 갑자기 크게 비명을 질렀다. "세상에! 내가 지금 양계장 하나를 날려버렸어!"

이야기 속 농부의 모습은 우스꽝스럽다 못해 무서울 정도다. 물론 과장된 이야기이지만, 실제로 꽤 많은 사람들이 작은 일에 이처럼 과하게 집착하는 경향이 있다.

한 커플이 많은 사람의 축복을 받으며 결혼했다. 처음에 두 사람의 결혼 생활은 무척 행복했지만, 사소한 일로 빚어지는 갈등을 피하기는 어려웠다. 아내는 눈에 거슬리는 일이 있으면 그냥 지나가도 무방할 작은 일까지 사사건건 따지고 들면서 기어코 갈등을 큰 싸움으로 만들었다. 급기야 아내는 뜨겁게 사랑했던 남편에게 이전에는 보인 적 없는 사나운 모습을 드러내고 말았다. 감정을 가라앉히고 참는 것도 잠시뿐 또 다른 일로 금세 감정이 격앙되었고, 결국 두 사람 사이에서는 이혼 이야기까지 나왔다.

일상에서도 이런 일은 비일비재하다. 그런데 다른 사람에게 지나치게 예민하게 굴거나 사소한 일로 트집을 잡으며 사사건건 물고 늘어지는 사람은 절대 환영받지 못한다. 매사에 이리 재고 저리 재면서 지나치게 까다롭게 구는 사람 주변에는 아무도 남지 않게 된다.

물론 이와는 정반대되는 사람도 있다. 그들은 온화한 마음으로 이미 일어난 일에 크게 집착하거나 미련을 두지 않는다. 모든 사람을 좋게 보기 때문에 설령 상대방이 잘못을 저질렀다 해도 웃어넘길 줄 안다. 그와 어울리는 사람들은 편안함과 안정감을 느낀다. 이런 사람 주변에는 늘 그와 친하게 지내고 싶어 하는 사람이 있기 마련이다.

'사는 게 너무 힘들다'고 토로하는 사람들이 많다. 왜 그렇게 힘들까? 혹시 너무 고지식해서 사소한 일까지 전부 트집 잡으며 물고 늘어지고 있는 건 아닐까? 이런 사람은 자신뿐 아니라 타인까지 힘들게 한다. 반대로 그릇이 커서 넉넉하고 대범한 사람은 주변까지 편안하게 해주며 늘 좋은 인연이 함께한다.

아무 이상이 없는 얼굴도 확대경으로 들여다보면 피부 위의 자잘한 잡티와 상처까지 적나라하게 드러난다. 그냥 보면 깨끗한 물건도 현미경으로 보면 세균이 득실거린다. 마찬가지로 확대경을 통해 사람을 보면 흠 없는 사람이 없다. 그러면 친구는 고사하고 그를 옆에 두고 싶은 마음도 사라지게 될 것이다.

물론 눈에 거슬리는 일을 보고도 따지지 않고 그냥 넘기기는 쉽지 않을 것이다. 실제로 무시해도 될 정도로 아주 작은 일인 걸 알면서도 도저히 참지 못하고 집착하는 경우도 많다. 그러나 서로 어울려 살아가는 세상에서는 상대방 입장에서 생각하고 최대한 관용적으로 대하며, 자질구레한 일은 못 본 척 넘길 줄도 알아야 한다. 타인의 마음을 이해하는 법을 배워야 하는 것이다.

타인의 결점이나 과실을 발견했을 때, 그 결점을 확대해석한 결과 그의 장점까지 무시하거나 부정하며 멀리해서는 안 된다. 그렇게 되면 자칫 좋은 친구를 사귀고도 그에게서 배울 기회를 잃게 된다. 세상에 완벽한 사람은 없다. 넉넉하게 칭찬하고 너그러운 눈으로 세상을 바라보는 사람은 늘 사교에 성공하고 주변이 좋은 사람들로 가득하다는 걸 기억하자.

말의 예의만 갖춰도
어디서나 환영받는다

말로 공격받길 좋아할 사람 없고.
거친 말을 들으며 좋아할 사람 없으며.
매서운 비난을 달가워할 사람 없다.

하버드 대학의 전임 총장 찰스 엘리엇은 "교양인 한 명을 길러내려면 반드시 아름답고 우아한 말솜씨를 가르쳐야 한다"라고 말했다. 동서고금을 막론하고 진심을 다해 예의를 갖춰 사람을 대하는 태도는 매우 고상한 행위이자, 무척 유용한 사교 방식이다. 이렇게 솔직하고 친화적이며 교양 있게 말하는 사람은 늘 좋은 인상을 남긴다. 반대로 늘 남을 탓하면서 상처 주는 말로 못되게 말하는 사람은 옳은 말을 해도 반감과 미움만 산다.

옷차림 같은 겉모습에는 신경 쓰면서 정작 기본적인 '말의 예의'를 무시하는 사람이 너무나 많다. 그러나 설령 일리 있고 옳은 말이어도 지나치게 물고 늘어지면 주변 사람을 질리게 만든다. 이런 사람들은 일단 타인의 잘못을 발견하면 꽉 붙잡고 놓아주지 않으면서 일부러 더 매몰차고 앙칼지게 말해 도리어 미움을 산다. 누가 이런 사람과 가까이하고 싶겠는가!

말의 예의를 잘 갖춰 같은 말을 해도 듣기 좋게 하는 사람은 인간관계가 원만해 항상 좋은 사람들에게 둘러싸여 있다. 반대로 날카롭고 못되게 말하는 사람은 주변에 사람이 없어 늘 고립무원의 신세를 면치 못한다. 이런 일을 당하고 싶지 않다면 예의를 갖추고 호감 가는 태도로 말해야 한다.

말을 할 때는 다음의 몇 가지를 주의해야 한다.

첫째, 친절이다. 무뚝뚝함, 차가움, 딱딱함… 이런 것들을 단번에 물리치는 것은 바로 친절이다. 친절은 가장 쉽고 효과적으로 좋은 인상을 남길 수 있는 수단이다. 사실 이는 일종의 심리적 편견이기도 하다. 사람들은 친절한 사람은 분명 또 다른 좋은 품성, 예컨대 긍정적 마인드, 배려심, 이해심, 따뜻함 등을 갖추고 있을 거라고 믿는 것이다. 누구나 이런 품성을 갖춘 사람과 만나기를 바란다.

둘째, 진정성이다. 타인에게 신뢰를 얻으려면 진정성을 보여야 한다. 진정성은 영혼과 영혼을 이어주는 다리로, 이것만으로도 상대방을 감동케 할 수 있다. 사교를 하는 데 있어서 진정성은 매우 큰 역량으로 작용하며, 이는 신뢰, 선량함 등 각종 미덕으로 해석된다.

셋째, 언행일치다. 우리가 말을 하는 목적은 타인에게 자신의 생각을 전달하고, 감동을 주고받으며, 관계를 형성하기 위함이다. 그렇기에 단순히 입에서 나오는 말뿐 아니라 말할 때의 표정이나 자세도 소홀히 해서는 안 된다. 예를 들어, 슬픔에 빠진 사람에게 입으로는 분명히 위로의 말을 건네면서 눈은 다른 생각을 하는 양 엉뚱한 데를 주시한다면, 그는 당신이 입만 번드레한 사람이라고 생각할 것이다. 따라서 사교할 때는 반드시 언행을 일치시켜 상대방에게 믿음을 주어야 한다.

넷째, 겸손과 양보다. 예의를 갖추고 상대방을 배려하는 말이 입에 붙게 하자. '안녕하세요', '감사합니다', '죄송합니다', '괜찮습니다', '잘 부탁드립니다' 같은 말을 아끼지 않고 필요할 때 자연스럽게 나오도록 하라는 것이다.

또 상황에 따라 자세나 태도에도 신경 써야 한다. 특히 질문이나 부탁을 할 때, 상대방의 이름을 함부로 부르거나 거만한 태도로 말하면 문전 박대 당하기 십상이다.

"말 한마디로 천 냥 빚을 갚는다"라고 했다. 말이 뾰족한 사람은 아무리 맞는 말을 해도 늘 미움을 사고 손해를 본다. 같은 말이라도 더 예쁘게 말하는 사람이 환영받으며, 이런 사람은 걷는 길이 늘 순탄하다.

Women's Psychology 7
친구

친구 없인 못 사는
여자를 위한 심리학

"여자는 연인이나 형제 없이는 살아도 친구 없이는 살 수 없다"라는 말이 있다. 물론 과장된 표현이지만, 여자의 삶에서 친구가 얼마나 중요한가를 생각해보면 영 틀린 말도 아니다. 연인은 돌아서면 끝이지만 마음 맞는 친구와는 영원히 함께 갈 수 있다. 친구가 있기에 삶이 더 행복하고, 고생길도 훨씬 수월하게 걸을 수 있다.

인생의 희로애락을 함께할 진정한 우정을 얻으려면 평소에 그만큼 노력과 정성을 기울여야 한다. 당신이 먼저 마음을 다해 친구를 도와야 값진 우정으로 보답 받을 수 있다.

친구 사이에도
금기가 있다

인간은 누구나 독립적인 개체로,
아무리 사이가 좋아도
완전히 똑같을 수는 없다.

정복자 알렉산드로스 대왕은 "나의 친구들이여, 이 세상에 영원한 친구란 없다네!"라고 말했다. 또 나폴레옹은 "영원한 친구도, 영원한 적도 없다"라고 단언했다. 모두 우정에 대한 극단적인 인식과 편견을 드러내고 있는 듯하지만, 죽고 못 살던 친구와 틀어져서 남보다 못한 관계가 되는 경우가 적지 않은 걸 보면 아예 틀린 말도 아닌 듯하다.

낯선 두 사람이 어떤 기회로 알게 되고 호감을 느낀다. 이후에 몇 차례 접촉하며 더 깊이 알아가면서 서로 잘 맞는다는 걸 알면 그때부터는 친구가 된다. 한창 죽이 맞아서 밤이나 낮이나 붙어

다닐 때는 '왜 우리가 이제야 만났지'라며 아쉬워하기까지 한다. 하지만 안타깝게도 세상에서 가장 약하고 부서지기 쉬운 것이 사람 마음이다. 그렇게 친한 친구였는데 한쪽이 무심결에 던진 말 한마디 때문에 관계가 산산조각 나는 일이 부지기수다. 이러한 이유로 친구 사이에서도 조심해야 할 말과 행동이 있는 것이다.

서로 속속들이 안다고 하지만, 사람은 모두 다르다. 각자의 성장 과정, 교육 수준, 생활환경, 개성이 다 다르므로 같은 일이라도 보는 시각과 감정이 완전히 같을 수는 없다. 따라서 아무리 친한 친구 사이라 할지라도 꼭 지켜야 할 것들이 있다. 일종의 금기 사항이라 할 수 있다.

친구 사이에서 지켜야 할 대표적인 금기 사항은 첫째, 너무 허물없이 지내는 것도 좋지 않다는 것이다. 친구 사이가 너무 소원하면 소통이 원활하지 않고 차츰 어색해진다. 반대로 너무 가까워서 허물없이 지내다 보면 자칫 서로 피곤해지거나 지겨워질 수 있다. 심한 경우 반감이 생기기도 한다. 아무 때나 친구에게 전화를 걸어 그가 시간이 있는지 없는지 묻지도 않고 무턱대고 나오라고 하는 사람들이 있다. 막역한 사이여서 그 정도는 별로 문제가 되지 않는다고 생각할지 모르지만, 그것은 본인의 생각일 뿐이다. 이런 행동은 결국 친구의 일, 휴식, 일상을 방해해서 친구를 짜증나게 할 수 있다. 따라서 친구 사이에서 거리는 너무 멀지도 너무 가깝지도 않게 해야 하고, 소통은 너무 많지도 너무 적지도 않게 해야 한다.

둘째, 친구의 생각을 존중한다. 친구 사이에서 가장 저지르기 쉬운 실수가 바로 자기 생각을 친구에게 강요하거나 친구도 자기와 생각이 같다고 단정하는 태도다. 사람이 백 명이면 백 가지 생각이 있는 법이다. 모든 사람은 독립적인 개체이고 교육의 정도와 생활환경이 전부 다르므로 생각이 완전히 일치하기란 불가능하다. 그러므로 자신의 생각이 전부 옳다고 여기거나 친구도 당연히 그렇게 생각할 거라고 착각해서는 안 된다. 계속 이런 태도로 친구를 대하다가는 오히려 친구와 더 멀어지게 될 수도 있다.

셋째, 모든 언행에서 친구의 감정을 먼저 고려한다. 친한 친구라고 친구가 당신 의견에 무조건 찬성할 거라고 여겨서는 안 된다. 조금만 객관적으로 생각해봐도 이런 태도가 얼마나 이기적인지, 자기도 모르게 친구에게 얼마나 큰 상처를 주고 있는지 알 수 있을 것이다. 우정을 건강하게 발전시켜 더 오래도록 함께하고 싶다면 늘 친구의 감정을 먼저 고려하도록 하자.

타인의 체면을
내 것보다 소중히 여기라

좋은 인간관계를 맺고 싶다면 종종 개인의
영광을 포기할 줄도 알아야 한다.

체면이 곧 개인의 존엄이라고 생각하는 사람들이 있다. 어찌나 체면을 중시하는지 그들은 다른 건 다 건드려도 체면만큼은 절대 건드려서는 안 된다. 그래서 아무리 힘들어도 체면 깎이는 일은 끔찍이 싫어하며, 그런 일은 절대 하지 않는다. 주머니에 돈 한 푼 없어도 절대 우는소리를 하지 않고, 아무리 힘들어도 남에게 부탁 같은 것은 하지 않는다. 체면을 잃으면 영광도 빛도 사라지고, 자신의 존재 자체가 부정당하는 것과 같다고 여긴다.

친구를 사귈 때도 체면을 중요시한다. 어떤 사람이 나의 친구가 될 수 있는가는 그가 '나의 체면을 세워줄 수 있는가?' 혹은 '나의 체면에 해가 되지 않을 사람인가?'로 결정한다.

체면이 중요한 사회에서는 나와 상대방의 체면을 모두 중시하고 지키려고 하는 사람만이 환영받는다. 이런 사람은 어디서나 사랑받고 친구가 되려는 사람들이 많지만, 아무 생각 없이 말을 내뱉어서 상대방의 체면을 깎는 사람은 결국 사람들로부터 배척당하고 만다.

살다 보면 상황에 맞지 않는 행동을 하거나 심기에 거슬리는 말을 하는 사람들이 있을 수 있는데, 이럴 때 어떻게 대처하면 상대방의 체면을 살리면서도 관계를 유지할 수 있을까?

가장 중요한 것은 상대방이 빠져나갈 곳을 마련해주는 것이다. 상대방이 궁지에 몰렸을 때 조롱하거나 비난하지 말고 적당한 구실을 찾아 상대방이 저지른 잘못된 행동을 되도록 좋게 해석해야 한다. 정당성을 찾거나 혹은 크게 심각한 일이 아니라는 것을 증명해 빠져나갈 곳을 만들어주는 것이다. 그래야 어색함이 사라지고 정상적인 관계가 유지되면서 우정이 더 깊어진다.

주의를 돌리는 것도 하나의 방법이다. 아무리 친한 사이여도 서로 의견이나 관점이 다르면 논쟁이 벌어질 수 있다. 또 서로 절대 양보할 수 없는 문제도 있을 수 있다. 이럴 때 무조건 자기 생각을 우겨대면 상황이 더 악화될 뿐이다. 가장 좋은 방법은 상대방의 주의를 돌리는 것이다.

어떤 문제 때문에 얼굴이 붉어질 정도로 싸우고, 강경하게 버

티며 물러서지 않는다고 하자. 이럴 때는 가벼운 농담을 던져 상대방의 주의를 돌리고, 긴장된 분위기를 풀어주어야 한다. 예컨대 "우리가 서로를 이해하는 건 축구 국가대표팀이 골을 넣는 것보다 어려울 거야!"라고 말하는 식이다. 그러면 분위기가 조금 가벼워져 어색함도 사라지고, 서로 그렇게까지 격앙될 일은 아니었다는 생각이 들 것이다.

또 설령 서로의 주장이 다르더라도 논쟁을 끝까지 몰고 가지 않도록 해야 한다. 논쟁 끝에 이긴다 해도 그 논쟁의 진정한 승자는 당신이 아닐 것이다. 잃는 것이 더 많을 것이기 때문이다.

한 영국인은 "타인이 대신 칭찬 받도록 하는 사람이야말로 성공한다"라고 말했다. 좋은 인간관계를 맺고 싶다면 종종 개인의 영광을 포기할 줄도 알아야 한다. 당신이 어떠한 일로 얻게 된 영광을 타인에게 돌린다면 그 관계는 훨씬 견고해질 것이다. 당장은 서운할 수 있지만 장기적인 이익을 따져보면 이 방법은 무척 효과적이다. 이기적으로 모든 영광이 자기 것이라고 고집하면 서로 얼굴을 붉히며 귀한 우정까지 잃을 수 있다는 걸 기억하자.

친구의 비밀을
목숨처럼 지킬 수 있는가?

비밀이란 한번 겉으로 드러나면
절대 다시 숨길 수 없다.

사람과 사람 사이에서 마음이 통하는 것만큼 귀한 일은 없다. 이는 서로를 향한 강한 신뢰가 바탕이 되어야만 가능한 일이다. 말로는 친구라고 하지만 서로 의심하고 믿지 못한다면 거기서 무슨 진심을 찾을 수 있을까!

친구의 신뢰를 얻고 싶다면 당신 스스로 그가 신뢰할 만한 사람이 되어야 한다. 친구가 당신에게 비밀을 털어놓았다면, 그 사실만으로도 당신은 어느 정도 신뢰를 얻었다고 할 수 있다. 당신이 그 신뢰를 소중하게 여겨 친구의 비밀을 목숨처럼 지킨다면 그 관계는 더욱 견고해질 것이다.

그런데 사실 입을 꼭 닫고 친구의 비밀을 완벽하게 지키는 사람은 생각보다 많지 않다. 어떤 사람들은 절대 아무에게도 말하지 않겠다고 말하고서는 금세 다른 자리에서 안주 삼아 친구의 비밀을 은근히 떠벌리곤 한다. 친구의 비밀을 폭로함으로써 다른 친구들의 관심을 끌 수 있다고 생각하기 때문인데, 그것은 큰 착각이다. 결국 그 사람은 그저 '비밀을 떠벌리고 다니는 사람'이 되어 아무에게도 신뢰를 얻지 못하게 된다.

　누구에게나 타인에게 알리고 싶지 않은 비밀이 있기 마련이다. 이런 비밀들은 대부분 사적으로는 중요한 일이어서 한번 드러나면 그 사람의 체면을 깎고 난처하게 만들 수 있다. 그래서 비밀을 누설한 사람은 절친한 친구에서 둘도 없는 원수가 된다. 비밀을 폭로 당한 사람은 어떻게든 기회를 찾아 그 원수를 갚아주려고 할 것이다.

　관계를 보호하고 지키려면 신뢰가 가장 중요하다. "병은 입으로 들어오고, 화는 입에서 나온다"는 말이 있지 않은가! 친구의 비밀을 알았다면 입을 꼭 다물고 반드시 지켜야 한다. 그것이 신뢰의 기본이다.

나보다 잘난 친구에게는
기꺼이 박수를!

모든 사람은 타인의 인정을 받으려고 하고,
특히 뛰어난 사람은 인정 욕구가 더 강하다.

어렸을 적에 어른들로부터 "너보다 공부 잘하는 친구를 사귀어
라"라는 말을 많이 들어봤을 것이다. 그만큼 친구라는 존재로부
터 받는 영향이 크기 때문일 것이다. 사실 학창시절뿐 아니라 사
회에서도 어떤 친구를 사귀는가는 매우 중요한 문제다.

결론부터 말하자면 우리는 반드시 나보다 더 나은 친구를 사귀
어야 한다. 그래야 시야가 넓어지고 더 많은 기회를 얻을 수 있기
때문이다. 친구는 우리 삶을 구성하는 중요한 요소 중 하나로, 평
생에 걸쳐 큰 영향을 미친다.

어떤 친구를 사귀는가는 우리의 운명에까지 영향을 미칠 수 있

다. 우수한 친구를 따라 그만큼 우수한 인생을 살게 된 사례는 무척 많다.

그럼 어떻게 해야 나보다 더 나은 사람과 친구가 될 수 있을까?

방법은 간단하다. 나보다 나은 사람을 만나고, 그의 훌륭한 면모에 감탄을 아끼지 않고 적극적으로 표현함으로써 호감을 얻어내는 것이다. 실력은 뛰어나지만 어울리기 쉽지 않은 사람일지라도 자신의 실력을 인정하고 탄복하는 사람에게 끝까지 마음을 열지 않을 사람은 없다.

주위에서 가장 우수하고 뛰어난 사람과 친구가 되면 자신도 그 친구 옆에서 자연스럽게 보고 배우게 된다. 가장 좋은 방법은 그를 본받고 싶다는 마음을 적극적으로 알리는 것이다. 이때 몇 가지 주의할 점이 있다.

우선 낮은 자세를 취해야 한다. 감탄을 할 때는 높은 자리에서 아랫사람에게 하듯이 하면 안 된다. 이해하지 못한 부분은 솔직하게 "이해하기 어려워, 나는 잘 모르겠어, 다시 한번 말해줘"라고 이야기하자. 상대방은 당신이 순수한 마음으로 알기를 원하며, 괜히 모르면서도 아는 척 허세를 부리는 사람이 아니라는 사실에 마음을 더 열 것이다. 반대로 자기가 물어봐놓고 '왜 이렇게 어렵게 이야기하느냐'고 목청을 높이거나 언쟁을 벌이려고 하면 상대방의 기분이 상할 수도 있다. 물론 친구가 되는 것은 꿈도 못 꾸게 된다.

둘째, 그의 능력을 인정한다. 상대방에게 감탄한다고 해서 당신이 초라해지는 것은 아니다. 현명한 사람은 적에게 칭찬을 아끼지 않음으로써 상대방의 자존심을 지켜주고, 우정과 협력의 여지를 남긴다. 나보다 잘난 사람에게 사심 없이 감탄을 내뱉고 표현할 수 있는 사람이야말로 진솔하고 겸손한 사람이다. 그러므로 상대방의 능력을 인정함으로써 그가 가진 경험이나 능력을 당신의 것으로 만들어 유리하게 활용할 줄 알아야 한다. 이렇게 서로 자극을 주고받으며 함께 발전하는 것이 가장 바람직한 우정이라 할 수 있다.

셋째, 그가 한 말을 모두 기억한다. 말을 할 때 자존심만 세우고 타인을 업신여기면 사람들로부터 반감을 불러일으키고, 결국 배척당하게 될 수밖에 없다. 사교에서 소통의 목적은 생각과 감정을 교류하고 공동의 인식을 달성하는 데 있다. 상대방이 하는 말을 잘 듣고 기억하기만 해도 그런 효과를 얻을 수 있다는 사실을 기억하자.

넷째, 경청하며 적절히 피드백을 한다. 소통이란 말로만 하는 것이 아니다. 우리는 모두 말할 권리가 있고, 타인이 자신의 말을 경청해주기를 바란다. 사람들은 다른 사람이 자신의 말을 경청하고 있다고 느낄 때, 자신의 가치를 인정받고 있다고 여긴다. 경청하고 있음을 알리는 가장 좋은 방법은 역시 피드백이다. 상대방의 이야기를 들으면서 적절하게 동의하고 감탄하며 간단한 질문을 하는 등의 방식으로 피드백을 하자. 이렇게 상대방의 경청에 대한 욕구를 만족시켜주면 그는 자연스럽게 당신과 친해지고 싶어할 것이다.

관용을 베풀면
풀지 못할 응어리가 없다

갈등 속에서도 넓은 마음으로 상대방을 대하면,
당신에게 더 큰 관용으로 되돌아온다.

살다 보면 누구나 기분이 가라앉고 고민 되고 만사가 짜증스러울 때가 있다. 이렇게 기분이 안 좋고 우울해서 평소보다 말을 날카롭게 하거나 잘못된 행동을 하고 나서 후회하는 일은 누구에게나 있다. 당신의 친구도 그럴 수 있다. 그런데 그가 일시적인 감정의 영향으로 평소와 다르게 행동했을지라도 크게 화내거나 너무 인정머리 없게 굴지 말자. 그러지 않으면 친구와 오랫동안 차곡차곡 쌓아올린 우정이 한순간에 무너질 수도 있고, 친구를 멀어지게 할 수도 있다.

　관용을 베푸는 사람은 아름답고, 어디서나 환영받는다. 말썽을 부리는 자녀나 게으른 남편을 너그러이 대하듯 주변 사람들에게도 관용을 베풀어보자. 입장과 처지를 바꿔서 생각하고, 최대한 이해하려고 노력하자. 상대방을 좀 더 넓은 마음으로 대할 때 당신에게 더 큰 관용으로 되돌아올 것이다.

어느 날 제자가 스승을 찾아와 하소연했다. 제자는 친구가 늘 자신과 비교하는 통에 공부를 제대로 할 수 없을 지경이라고 말했다. 스승은 묵묵히 듣고 있다가 이렇게 물었다.

"너는 사과를 좋아하느냐?"

제자는 예상치 못한 질문에 당황했으나 공손히 대답했다.

"사과는 좋아하지 않고, 배를 즐겨 먹습니다."

"그렇구나, 너는 사과를 좋아하지 않는구나."

"그렇습니다."

"너는 아니지만, 사과를 좋아하는 사람도 분명 있겠지?"

"그렇겠지요."

"그럼 네가 사과를 좋아하지 않는 것이 사과의 잘못이냐?"

제자는 웃으며 대답했다.

"당연히 아니지요!"

"그렇다면 네가 그를 싫어하는 것이 그의 잘못이냐?"

제자는 그제야 스승의 말뜻을 이해했다.

우리는 이 제자처럼 종종 친구의 작은 잘못을 확대해석하곤 한다. 그런데 그것은 친구의 잘못이라기보다 우리의 마음가짐에 문제가 있기 때문이다. 좀 더 넓은 마음으로 관용을 베푼다면 풀지 못할 응어리가 없다.

관용은 어진 마음으로 사랑하는 태도로, 타인에게 너그러운 사람은 사실 스스로 축복을 받은 것이나 다름없다. 관용은 타인뿐 아니라 자기 자신에 대한 사랑이자 우정을 유지하게 하는 묘약이기 때문이다.

안타깝게도 무슨 일이든 시시비비를 가리지 않고는 못 배기고 사방에서 분쟁을 일삼으며 절대 양보하지 않는 사람이 있다. 아마도 그들은 마음을 알아주는 친구가 하나도 없거나 그런 상황을 곧 맞이하게 될 것이다. 물론 원인은 자기 자신에게 있다. 강조하건대 마음속에 관용이 없는 사람은 우정을 지속적으로 유지하기가 어렵다.

주변에서 서로 이해하거나 양보하지 않아 친구 사이가 틀어진 경우를 종종 보았을 것이다. 어진 마음으로 친구를 대하고 우정을 지키는 태도는 그만큼 갖추기 어렵고 고귀한 인품이다. 순간의 감정에 이성을 잃지 말고 너그러운 태도를 보일 때 사람들은 당신의 인격에 탄복하고, 우정도 오래도록 견고하게 지킬 수 있다.

불교에서는 "현명한 사람은 포용하지 않는 것이 없다"라고 했다. 세상에 절대적으로 옳거나 절대적으로 그른 것은 없다. 관용이야말로 진정한 우정의 도이며, 관용으로 사람을 대할 때 인연이 더 깊어질 수 있다.

관용의 첫 단계는 상대방 입장에서 생각하는 것이다. 친구와 이런저런 일로 부딪히거나 갈등이 생긴다면 그의 처지에서 상황 전체를 다시 돌아보고 점검해야 한다. 그러다 보면 화도, 원망도 천천히 사라질 것이다.

사실 관용은 일종의 투자로, 그 보상은 정신적인 만족감이다. 관용은 자신의 심신 건강에 이로울 뿐 아니라 친구와의 우정, 가정의 화목은 물론 사업을 성공적으로 이끌고 가는 데도 꼭 필요하다.

친구 관리는
부지런한 농부처럼!

인생의 희로애락을 함께하는 진정한
우정을 얻으려면 평소에 그만큼
노력과 정성을 기울여야 한다.

누구나 크고 작은 고민이 있다. 당신의 친구들도 마찬가지다. 그
들은 아마 여러 고민과 걱정 때문에 머릿속이 엉킨 듯 복잡하고,
눈코 뜰 새 없이 바쁠 것이다. 돈 문제일 수도 있고, 전혀 예상치
못한 큰일을 당했을 수도 있다.

　친구에게 이런 일이 생기면 당신은 당연히 관심을 보이고 최대
한 도와야 한다. 환난 속에 지기(知己)를 만나고, 역경 속에서 참
된 우정을 알아보는 법이다.

　우정은 농사를 짓는 것과 비슷하다. 농부가 부지런히 작물을
살펴야 농사가 잘되는 것처럼 평소에 친구의 면면에 관심을 기울

일수록 우정이 깊어진다. 씨앗만 뿌려놓고 나 몰라라 하는 농부
가 수확이 좋을 리 만무하지 않은가! 마찬가지로 아무리 잘나고
능력 있는 사람이라도 평소에 주변 관리를 잘해두지 않으면 일
이 잘 풀리기 어렵다. 무엇 하나 내놓으려고 하지 않는 사람이 어
떻게 타인의 존중과 도움을 받겠는가! 진짜 우정을 얻고 싶다면
그만큼 사람에게 투자하고, 타인이 당신에게 해주길 바라는 대로
그에게 해주어야 한다.

사람은 어려움에 부딪혔을 때 주변 사람들에게 더욱 예민해지
며, 그 일을 통해 상대방이 진짜 친구인지 아닌지를 가늠한다. 이
때 약간의 도움만 주어도 당신은 그에게 둘도 없는 친구가 될 수
있다. 반대로 너무 둔해서 친구의 어려움을 인지하지 못하거나
알면서도 모르는 척하면 우정은 둘째 치고 관계 자체가 완전히
깨질 수도 있다. 사적인 친구만이 아니라 사회에서 만난 친구, 동
료와의 관계에서도 마찬가지다.

누군가를 당신의 사람으로 만들고 싶다면 그의 경력, 학력, 인
간관계, 업무 능력과 실적 등을 미리 조사하고 꼼꼼하게 살피도
록 하자. 그리고 나이나 직위에 관계없이 충분히 투자할 만한 가
치가 있는 사람이라고 판단되면 진심을 다해 돕도록 하자. 다 퍼
줘서 손해인 것 같아 보여도 이런 노력은 언젠가는 당신에게 되
돌아오게 돼 있다.

예를 들어, 승진을 하거나 연봉이 오르면 가장 먼저 달려가 축

하해주자. 이때 상대방이 고마워서 어쩔 줄 몰라 하면 기회를 놓치지 않고 말한다. "지금 우리 회사가 이 정도로 발전한 게 누구 덕인데요. 당연히 제가 도와야죠!" 이때 진심을 담아 담백하게 말함으로써 상대방이 크게 부담스럽지 않게 한다. 친구들은 모두 당신을 '아주 좋은 사람'이라고 입을 모아 칭찬하고, 덕분에 일도 순풍에 돛 단 듯 술술 풀리게 될 것이다.

그러기 위해서는 평소에 인맥을 잘 관리하고 보호해야 한다. 이것이 치열한 경쟁에서 이기고 최고의 실적을 올리는 비결이다. 친구에게 꾸준히 관심을 보이고 작은 선의나 도움을 베풀어보자. 이런 일이 반복되면 상대방과 당신 사이에는 웬만해서는 사라지지 않을 끈끈한 정이 생길 것이다.

물론 여기에도 주의할 점이 있다. 나중에 돌려받을 생각 없이 베풀어야 하는 것이다. 그렇게 베풀면 당신이 문제에 부딪히거나 어려움을 당했을 때, 친구는 말하지 않아도 알아서 당신에게 도움의 손길을 내밀 것이다. 아무것도 하지 않고 있다가 필요할 때 갑자기 도움을 청하는 일은 어렵기도 하고, 상대방이 요구를 들어줄 가능성도 희박하다. 그런데 부지런한 농부처럼 평소에 신경을 쓰면 자연스레 수확할 때가 온다.

크게 힘들이지 않고 할 수 있는 작은 일부터 해주자. 예컨대 대신 운전을 해주거나 필요한 물건을 사다주는 등의 일도 좋다. 작지만 친구가 크게 고마워할 일이 무엇일지 마음을 써보자.

무엇보다 꼭 필요한 도움을 주도록 하자. 평소에 주변 사람들에게 관심을 보이고, 도움이 필요한 사람을 발견하면 필요한 것을 제공하자. 이때 크든 작든 그가 꼭 필요로 하는 것을 주는 것이 중요하다!

친구에게 관심을 보이고 작은 도움을 줄 때는 허세를 부려서는 안 된다. 또 자신의 능력에서 벗어나는 일을 하겠다고 나서서도 안 된다.

이렇게 당신이 선의를 베풀면 상대방은 너무 고지식하게 원칙을 고수하기가 어려워진다. 당신의 작은 선의와 도움을 받은 상대방은 당신이 도움을 필요로 할 때 자연스럽게 당신을 위해 나서게 될 것이다.

친구의 그림자로
살아가고 있지는 않은가?

종종 의존성은
사교의 최대 장해물이 되곤 한다.

진짜 친한 친구 사이에는 가로놓인 벽이 없어 마음을 터놓고 이야기할 수 있다. 기쁨과 슬픔을 공유하고, 무엇이든 함께 즐기면서 수시로 연락하고 지낸다. 절친한 두 사람은 멀리 떨어져 있다해도 서로의 존재를 느낄 수 있다. 서로에게 도움이 되며, 함께 성장하고 이롭기만 할 뿐 해가 될 일이 없다.

하지만 지인이든 친구든, 심지어 가족 관계에서도 일정한 거리를 유지하며 자신을 지켜야 한다. 그렇지 않으면 타인의 그림자로 머물게 되어 자신의 모습은 온데간데없이 사라지고 만다.

사교 능력이 부족한 사람은 대인관계에서 스스로 상대방의 그림자 속으로 들어간다. 한 철학자는 "사교 능력이 없는 사람은 땅 위에 놓인 배처럼 결코 바다로 나아가지 못한다"라고 말했다. 이런 사람은 주관이 없으니 사교에서뿐만 아니라 뭘 해도 주도권을 쥐지 못한다. 당연히 좋은 인간관계를 기대하기도 어렵다. 지금 혹시 누군가와의 관계에서 그의 그림자로 살아가고 있지는 않은가? 그렇다면 당장 정신을 차리고 그 그림자 밖으로 걸어 나와야 한다.

친구 사이는 물론 부부 그리고 다른 어떤 관계에서도 사람은 독립적인 개체로 살아야 한다. 누군가의 그림자처럼 지내려고 하면 서로에게 좋지 않다. 본인은 차츰 자아를 잃게 되고, 상대방은 의존하는 상대에게 부담을 느끼게 된다. 결국은 그 관계는 처처히 멀어지고 만다.

평소 귀여운 이미지나 연약한 모습으로 다른 사람들의 도움이나 보호를 받고자 하는 사람들이 있다. 어떤 이미지를 추구하느냐는 본인의 자유지만 의존적인 사람이 되어서는 안 된다. 사람과 사람 사이에는 반드시 어느 정도의 완충지대가 있어서 상황에 따라 서로의 주관과 의견이 적절하게 융합되어야 불필요한 마찰과 상처를 줄일 수 있고, 무엇보다 자아와 주도권을 잃지 않을 수 있다.

사람들과 어울리면서도 자아를 지키는 데도 주의해야 할 것들이 있다.

우선, 자기만의 매력을 갖추어야 한다. 복잡다단한 사회에서 개개인의 매력은 사교를 활성화하는 효과적인 촉진제다. 매력 있는 여자는 주변에 사람들이 모이고, 다양한 화젯거리가 끊이지 않아서 남녀노소 누구와도 대화가 가능하다. 이때 중요한 것은 밝고 친절하게 자신의 의견을 정확하게 말하는 동시에 상대방의 생각과 의견을 존중해야 한다.

사교의 범위는 제한하지 않는 것이 좋다. 사교의 범위를 '아는 사람들'로만 제한하는 것은 현명한 선택이 아니다. 세상의 모든 사람에게는 배우고 본받을 만한 부분이 있다. 당신의 눈을 뿌옇게 흐리는 안개를 헤치고 더 많은 사람을 만나도록 하자. 그렇게 만나는 사람들이 당신을 새로운 세계로 안내할 것이다.

그렇다고 사교에 너무 매달리지는 말자. 탄력적인 인간관계를 맺으라는 말이다. 적당하게 거리를 유지하고, 각자의 자아를 지켜야 한다. 눈치를 보면서 관계를 그르치게 될까봐 전전긍긍할 필요 없다. 상대방에게 과하게 의존하거나 매달리지 말고, 반대로 스스로 구세주 역할을 자처하지도 말자.

오래도록 좋은 관계를 유지하려면 기회를 봐서 상대방이 가지고 있는 문제를 알려주고 고칠 수 있도록 돕기도 해야 한다. 이 역시 사교의 일부다. 상대방이 기분이 상한 나머지 서로 어색하거나 소원해지지 않도록 조심하기만 하면 된다.

우정의 밀도를
높이는 방법

노 출   효 과

아무리 죽고 못 사는 사이여도
오랫동안 연락이 없으면
서로 낯설고 어색해질 수밖에 없다.

심리학에는 '노출 효과(Exposure Effect)'라는 것이 있다. 알고 지낸 시간이 길지 않아도 만나는 횟수가 잦으면 호감과 친밀감이 생겨난다는 의미다. 반대로 아무리 오래 알고 지냈어도 만나는 횟수가 많지 않으면 그들 사이에는 어색하고 낯선 감정이 생겨난다. 다시 말해 인맥을 유지하고 친분을 쌓으려면 되도록 자주 만나고, 만나기 어려우면 전화 통화나 문자 메시지라도 주고받으면서 접촉을 최대한 늘려야 한다.

"평소에 향 한 번 피우지 않다가 급하면 부처 다리를 붙잡고 매달린다"라는 말이 있다. 오랫동안 연락하지 않다가 갑자기 전화

해서 부탁을 할 때 사람들은 그 관계를 다시 생각하게 된다. '우리가 이렇게 부탁을 주고받을 만큼 친한 사이인가?'라고 생각하기도 하고, 굳이 그 부탁을 들어줘야 하는지 고민한다. 상대가 염치가 없어도 보통 없지 않다고 생각하는 것이다. 그런데 만약 평소에 꾸준히 연락하고 지속적으로 우정을 유지하다가 뭔가 부탁을 한다면, 아마 대부분의 사람들은 아주 어려운 일이 아니라면 꼭 돕고 싶어 할 것이다.

진정한 우정을 얻고 싶다면 꾸준히 연락해 접촉의 횟수를 늘리자. 바쁜 생활 중에도 반드시 시간을 내서 좋은 친구들과 관계를 지속적으로 유지하려고 노력하자. 만나기 힘든 상황이라면 전화 통화나 메시지, SNS 등을 통해 꾸준히 연락하고 새해나 연말, 명절 같은 때에는 꼭 덕담을 나누도록 하자.

친구들과 연락을 주고받을 때도 기억해야 할 사항이 있다.

첫째, 적극적인 태도로 관심을 보인다. 사교의 목적은 타인의 사랑과 보호를 얻기 위함이다. 따라서 더 적극적으로 상대방에게 관심을 보여 그의 이런 심리를 만족시켜주자. 그러면 상대방은 자연스럽게 당신을 더 신뢰하고, 관계가 더욱 돈독해질 것이다. 당신이 먼저 다가갈수록 그도 당신과 더 친해지고자 할 것이다.

둘째, 솔직한 표현으로 갈등을 사전에 차단한다. 아무리 친해도 매일 만나고 어울리면서 항상 감정이 좋을 수만은 없다. 친구 사이에도 경쟁심, 시기, 질투 같은 감정이 분명히 일어날 수 있다.

한번 그런 감정이 들면 다른 건 전부 눈에 안 들어오고 오직 이기려는 생각만 남게 된다. 이런 생각은 관계를 유지하는 데 있어서 치명적이다. 그러니 가끔은 친구에게 솔직한 마음을 드러내 관계를 안전하게 보호해야 한다. 친구는 당신의 솔직한 태도에 자신을 돌아보고, 더 깊은 우정을 쌓기를 원할 것이다. 솔직한 표현은 관계를 둘러싼 환경을 정비하고 더 깊은 우정으로 발전할 수 있도록 도울 것이다.

Women's Psychology 8
사랑

똑똑하게 사랑을 지키는
여자의 심리 전략

한 철학자는 사랑에 빠진 여자는 바보가 된다고 했다. 실제로 사랑을 마주한 여자는 자기도 모르게 자아를 잃곤 한다. 그런데 현명한 여자라면 오직 사랑만으로는 부족하다는 걸 알아야 한다. 그 사랑을 지키기 위해 심리 전술을 구사하고, 사랑과 결혼생활을 똑똑하게 경영할 줄 알아야 한다. 그래야 사랑을 통해 행복해질 수 있다.

여자라는 이유로
사랑 앞에서 소극적인가?

사랑을 하면서도 아무 행동도 하지 않고
마냥 기다리고만 있으면 스스로 사랑을
멀리 밀어내는 것과 다름없다.

모든 사람은 영원한 사랑을 꿈꾼다. 여자든 남자든 사랑에 빠지면 표정부터 달라지고 삶의 활력이 샘솟는다. 사회에서 맹활약하는 이른바 '슈퍼우먼'들도 마찬가지다. 그녀들 역시 사회적 성공과 별개로 동화 같은 사랑과 행복을 꿈꾸며, 언젠가는 자신을 아끼고 사랑해주는 사람을 만날 수 있기를 바란다. 좋은 일이 있으면 함께 웃고, 나쁜 일이 있으면 힘이 되어줄 사람, 울고 싶을 때 넓은 어깨를 내줄 사람, 필요할 때 언제든 달려와줄 사람 말이다. 문제는 여자들은 이런 바람을 그저 속에만 꼭꼭 감춰둘 뿐, 겉으로 내색하지 않는다는 점이다.

여자들은 대체로 사랑에 너무 조심스럽다. 항상 자신을 단속하며 행여 속마음이 드러날까봐 전전긍긍한다. 이런 여자들은 먼저 사랑을 드러내면 자존심이 상하고 관계의 주도권을 잃는다고 생각하기 때문에 항상 남자가 먼저 사랑한다는 신호를 보내주기를 바란다. 어떤 근거도 없는 이론이지만 이를 굳게 믿고 사랑 앞에서 입을 꼭 다문 채 한 걸음도 더 나아가지 않는 여자가 여전히 많다. 좋게 말하면 '조심스러운' 것이지만, 이는 사실 스스로 사랑을 떠나가게 하는 것이나 마찬가지다. 성별과 관계없이 우리는 모두 사랑 앞에서 좀 더 용감해질 필요가 있다. 결과가 어찌 되든 자신의 감정을 대담하고 솔직하게 표현해야 유감도 후회도 남지 않을 것이다.

보통은 남자가 먼저 적극적으로 구애를 하고, 여자가 어떤 결정을 하느냐에 따라 두 사람의 앞날이 결정되곤 한다. 하지만 남자라고 해서 이런 일이 마냥 쉬운 것은 아니다. 어떤 남자들은 웬만한 여자보다 훨씬 더 내성적이고 부끄러움을 많이 탄다. 또 어떤 남자들은 애초에 여자의 마음을 전혀 가늠하지 못한다. 입을 다물고 아무런 행동도 하지 않으면 당신에게 호감이 있는 사람일지라도 당신이 자신을 좋아하지 않는다고 생각해 포기할 수도 있다. 따라서 사랑을 얻고 행복해지고 싶은 여자라면 지금보다 더 많이 표현해야 한다. 입을 다물고 가만히 기다리고만 있지 말고, 적극적으로 감정을 표현하도록 하자.

지금은 옛날과 다르다. 여자도 남자와 똑같이 교육받고 일하며, 똑같이 사회에 공헌한다. 그런데 왜 사랑을 시작하는 방식만은 옛날에 머물러 있을까? 어째서 남자가 먼저 고백해야 여자가 관계의 주도권을 잡을 수 있다는 근거 없는 논리에 얽매여 있을까? 여자들도 이제는 과감하게 사랑하고, 과감하게 원하는 바를 추구해야 한다. 그리고 그렇게 쟁취한 사랑을 공들여 가꾸고 소중하게 키워나가자. 그렇게 해야만 훗날 연인과 함께 석양 아래에 섰을 때, 스스로 움직여 쟁취한 그 사랑이 더 없이 자랑스러울 것이다!

여자와 남자 사이의 적정 거리는
얼마만큼일까?

슬프지만 사랑에도 유효기간이 있다.
그 유효기간을 최대한 연장하는 가장 좋은
방법은 적당한 거리를 갖는 것이다.

연애할 때는 그렇게 열렬히 나를 사랑해주었던 사람인데 결혼한 후에는 이전의 모습이 완전히 사라졌다고 토로하는 여자가 많다. 그가 이렇게 달라진 까닭이 무엇인지 열심히 관찰하고 분석을 거듭해보지만, 사실 답은 간단하다. 남자에게 더 이상 그녀가 신비롭지 않고 궁금하지 않기 때문이다.

사랑은 영혼을 풍요롭게 하고, 삶을 더 활기차게 만드는 동력이다. 사랑에 빠진 여자는 사랑하는 사람과 아름다운 세상에서 밤이나 낮이나 항상 함께하기를 바란다. 물론 처음에는 남자도 그렇다. 하지만 시간이 흐르면서 여자는 한때 사랑으로 빛났던 남자의 얼굴에서 귀찮고 지겨워하는 표정을 읽게 된다.

남자 입장에서는 그토록 달콤했던 사랑하는 마음은 어디론가 사라지고, 세상이 무미건조하기 이를 데 없다. 여자에게는 건강하고 긍정적이며 특별했던 그 남자가 지금은 곁에서 역한 땀 냄새를 풍기는 사람일 뿐이다. '나는 왜 이렇게 그에게 화가 날까? 이게 내가 원한 사랑이었나? 왜 우리가 이렇게 됐지? 내가 사랑에 너무 큰 기대를 걸었던 걸까? 아니면 사랑이 나를 감쪽같이 속였던 걸까?' 이런 의문이 든다. 하지만 사랑은 아무 잘못이 없다. 모든 사랑에는 일정한 거리와 신선함이 필요하다는 사실을 당신이 몰랐을 뿐.

장담컨대 남자의 사랑을 지키는 힘은 환상과 신비감이다. 정도의 차이는 있지만 대부분의 남자는 태생적으로 신비로운 대상에 빠져들고, 이는 절대 바뀌지 않는다. 천성의 문제이기 때문이다. 따라서 사랑을 잃고 싶지 않은 여자라면 신비감을 유지할 수 있어야 한다.

그렇다면 신비감이란 무엇일까? 남녀 사이의 신비감은 생리적, 심리적 성별의 차이가 만들어내는 신선하고 독특하며 오묘한 감정이다. 이 감정은 연애와 결혼을 하는 데 있어서 무척 중요한 작용을 한다. 호기심의 동물인 남자는 늘 신비로운 여자가 내뿜는 매력에 끌리는 것이다.

결혼한 부부는 매일 함께 생활하고 같은 일을 반복한다. 이런 상태가 오래 지속되면 남자는 결혼생활에서 지루함을 느낀다. 이럴 때는 공간적으로 조금 떨어져 있는 편이 오히려 문제 해결에 도움이 될 수 있다.

여자와 남자 사이의 적정 거리는 얼마일까? 너무 가까우면 신비감을 잃게 되고, 너무 멀면 사랑이 옅어진다. 사랑하는 사람과 오랫동안 함께 걸으려면 대체 어느 정도의 거리를 두는 것이 좋을까? 다음의 10계명을 기억하자.

하나, 영원한 사랑을 말하지 않는다. 카스트로는 이렇게 말했다. "여자는 자신이 사랑한다는 사실을 남자에게 알려서는 안 된다. 그것만으로도 남자를 거만하게 만들기 때문이다." 물론 여자도 적극적으로 자신의 사랑을 표현하고 쟁취해야 한다. 그러나 그렇다고 그 사랑에 집착하고 매달려서는 안 된다.

둘, 전화는 하루에 한 통화면 충분하다. 상대방이 아쉬워할 때 먼저 전화를 끊고, 적당한 거리를 두어야 한다.

셋, 평상심을 길러야 한다. 일생 동안 단 한 사람만 사랑하는 사람은 많지 않으며, 대부분의 연애는 이별로 끝난다. 그런데 그때마다 울고불고 죽겠다고 난리 치는 부끄러운 행동은 삼가야 한다. 곁에 있던 사람이 한 명 떠나갔다고 당신의 세상이 멈추는 것은 아니니 말이다.

넷, 타협은 사랑이 아니라는 것을 기억한다. 사랑은 한 사람이 다른 사람에게 빚을 지는 일이 아니다. 사랑에 쩔쩔매거나 사랑을 구걸해서는 안 된다. 당신이 그를 사랑하는 건 그의 복이자 천운이다. 사랑을 할 때 두 사람은 모두 주인공이다. 각자 자신의 주관대로 움직이며 적당히 거절할 줄도 알아야 한다.

다섯, 서로의 사생활을 어느 정도 인정한다. 사람과 사람 사이가 너무 가까우면 서로 단점은 더 크게 보이고, 장점은 보이지 않을 정도로 작아진다. 적당한 거리, 약간의 사생활과 비밀은 현명한 여성의 무기다. 잠깐의 이별이 신혼보다 나을 수도 있다. 서로 적당하게 떨어져 있으면 좀 더 차분하게 이성적으로 서로를 바라보게 되고, 차갑게 굳었던 마음도 부드럽게 풀어질 것이다.

여섯, 결혼은 요구한다고 될 일이 아니다. 사랑이 깊어지면 영원한 사랑을 꿈꾸고, 곧 결혼에 대한 열망으로 이어진다. 그런데 당신이 미래를 얘기할 때 뒷걸음치는 남자라면 당신의 바람은 결실을 이루지 못할 것이다. 남자는 결혼하고 싶으면 여자가 암시하기 전에 알아서 반지를 사 온다. 만약 뒷걸음치는 남자와의 결혼을 꿈꾼다면 당신의 에너지만 낭비하게 될 것이다.

일곱, 사랑하는 사이에도 거리가 필요하다. 슬프지만 사랑에도 유효기간이 있다. 그 유효기간을 최대한 연장하는 가장 좋은 방법은 적당한 거리라는 것을 기억하자.

여덟, 남자가 전부는 아니다. 연애를 하든 결혼을 하든 반드시 자신의 삶을 지키면서 해야 한다. 특히 결혼을 하면서 사교의 범위를 축소하거나 친구와 연락을 끊으면 스스로 자신을 고립시키는 꼴이 된다. 결혼했다고 이전의 친구들과 관계를 끊으면 자신의 세계를 잃게 된다. 남자는 자기만의 삶과 세계 없이 남자만 바라보는 여자에게서는 쉽게 흥미를 잃는다.

아홉, 외적 신비감을 유지한다. 어떤 사람들은 결혼하면 연애할 때처럼 열심히 자신을 가꿀 필요가 없다고 생각한다. 그래서 거리낌 없이 신체를 노출하고 옷차림 등 외모에도 신경 쓰지 않는다. 그런데 대부분의 남자는 이런 종류의 솔직함을 좋아하지 않으며, 그로 인해 상대에게 점점 흥미를 잃게 된다.

열, 끊임없이 자신을 발전시킨다. 남자는 여자의 외모뿐 아니라 그녀의 지식과 교양에서도 커다란 신비감을 느낀다. 외모에만 집착하는 여자는 신비감을 길게 유지하지 못한다. 아무리 아름다워도 생각이 깊지 않고 지식과 지혜가 부족한 여자는 남자에게 매력적이지 않다.

모르는 척할수록
더 좋은 것들

세상에 말하기 싫은 것을 집요하게
추궁당하는 것만큼 괴로운 일은 없다.

'왜?'라는 질문은 일을 하거나 공부를 할 때는 더 높은 수준으로 발전하는 데 분명 도움이 된다. 그러나 사랑하는 사이에서는 꼭 그렇지도 않다.

현명한 사람은 대체로 상냥하고 자상하며 사려가 깊다. 그들은 상대방이 대답할 수 없거나 어려워하는 일에 대해서는 일단 이유를 묻지 않는다. 어차피 그 일에 관해 입조차 떼기 어려워하는 사람에게 따지고 추궁해봤자 그를 괴롭게만 할 뿐이라는 것을 잘 알기 때문이다.

이런 현명함은 남녀 사이, 부부 사이에서 그 진가를 발휘한다.

남자들은 어떤 일들에 대해서는 다른 사람, 특히 자신의 배우자에게 말하기를 꺼리기 때문이다. 문제가 있으면 부부가 함께 대응책을 찾기를 바라는 여자들과는 생각이 다르다.

그런데 혹시 당신은 말하기 싫은 이야기를 누군가에게 집요하게 추궁당해본 적은 없는가? 세상에 그만큼 괴로운 일이 없다. 말하기 싫은 일에 대해 계속 추궁당하면 남자 입장에서는 자신과 자신의 감정을 존중받지 못하는 것 같아 괴롭고 외롭기만 하다.

그렇다면 남자들이 말하기 싫어하는 일은 어떤 것들일까?

우선 남자들은 과거의 사랑에 대해 이야기하기 싫어한다. 여자도 마찬가지다. 그런데 남자에게 짓궂게 과거의 사랑을 추궁하는 여자들이 있다. 과거의 사랑은 몸에 있는 상처와 비슷하다. 평소에는 괜찮다가도 건드리면 아파서 상처가 있다는 사실을 깨닫게 된다. 남자고 여자고 굳이 그 상처를 파헤칠 필요가 있을까?

남자에 대해 여자들이 이해하기 힘들어하는 것 중 하나는 몸이 아프다면서 종일 소파에서 텔레비전만 보는 모습이다. 그러니 여자는 하루 종일 빈둥거리는 것 같은 남자가 꼴 보기 싫다. 진짜 아프면 소파가 아니라 침대에 누워 쉬거나 병원에 가야지, 빈둥거리기 미안하니까 핑계를 대는 걸로 보인다. 이럴 때 남자에게 쏘아붙이면 남자는 괜한 반발심이 생긴다. '내가 집안에서 이런 취급밖에 못 받을 사람인가!' 싶은 것이다. 이렇게 갑자기 치밀어 오른 화의 불똥은 다시 여자에게 튈 가능성이 크다.

남자들은 승진이나 연봉 등 출세에 관한 이야기에도 민감하다. 남편의 사회적 지위, 경제력 등으로 자신의 가치를 매기는 여자들이 있다. 그녀들은 자꾸만 커지는 자신의 허영심을 만족시키기 위해 끊임없이 남편에게 스트레스를 준다. 물론 남편을 응원하고 격려하는 것은 큰 문제가 아닐 수 있다. 하지만 현실적이지 않은 수준을 요구하고 다그친다면 양쪽 모두에게 스트레스가 될 뿐이다. 특히 사회적 지위나 경제력은 남자에게는 자존심이 걸린 일이기도 하다. 예민한 시기에 말을 잘못 꺼냈다가는 관계 자체에 영향을 미칠 수도 있으니 이런 이야기는 절대 삼가길 바란다. 아무리 사랑하는 부부 사이라도 언행에 신중해야 한다.

남자에게 '왜?'라고 묻고 싶을 때, 궁금하더라도 참고 조금만 더 기다려주자. 그러면 그는 다그치지 않아도 곧 스스로 문제를 해결하거나 당신에게 말하게 될 것이다.

의심하는 순간
사랑은 사라진다

사랑은 존중과 수용, 진심이 가득한
환경에서는 꽃을 피우지만, 의심과 불신이
팽배한 환경에서는 살아남지 못한다.

사랑하는 사람과 함께 아름다운 웨딩드레스를 입고 행진하는 순간, 사랑에 관련된 동경과 환상을 접어야 한다. 오해하지 말길 바란다. 결혼했으니 사랑이 끝났다는 말이 아니라, 이제야 비로소 당신의 진짜 사랑이 시작된다는 의미다.

새로 시작하는 이 사랑은 서로를 향한 존중과 이해, 관용과 보호 없이는 유지하기 어렵다. 의심하는 순간, 사랑은 사라지는 것이다.

다른 인간관계에서도 그렇지만 특히 부부 사이에서는 신뢰가 무엇보다 중요하다. 신뢰는 관계의 기초라고 해도 과언이 아니다. 우리가 연애를 하다가 결혼을 결심하는 것도 서로에 대한 신뢰를 바탕으로 상대와 함께 더 행복하게 살고 싶어서다. 이렇게 큰 포부를 안고 시작한 결혼생활도 한번 의심이 생기면 속절없이 무너지고 만다.

의심은 결혼생활을 무너뜨리는 병이자 일종의 습관이다. 안타깝게도 매일 밤 남편의 가방과 휴대폰을 샅샅이 뒤지면서 그의 행적을 추적하는 여자들이 있다. 그녀들은 자신의 상상을 증명할 조그마한 흔적이라도 찾아내려고 애쓰며 자신의 결혼생활을 파국으로 몰고간다.

의심은 순식간에 영혼을 잠식하고 이성을 마비시킨다. 그중에서도 배우자를 향한 의심에 유난히 취약한 사람이 분명히 있다. 대부분 자신감 혹은 자존감이 부족한 경우인데, 끝내 의심을 제어하지 못해 상대방의 사적 영역을 침범하면 그를 더 자극하고 화나게 할 뿐이다.

부부 사이일지라도 사적 영역은 반드시 보장되어야 한다. 이를 인정하지 않고 계속 의심하고 추궁하면 결국 상대방뿐 아니라 당신 자신도 지치게 되고, 당신의 결혼생활은 점점 무너지게 된다.

결혼은 사랑의 산물일 뿐 아니라 우리가 열심히 배우고 연구해야 할 학문이다. 당신의 결혼생활을 오래도록 행복하게 유지하고 싶다면 먼저 신뢰하는 법을 배워야 한다. 의심하지 않고 믿을 때 당신의 사랑은 더 크게 성장할 것이다.

남자의 체면을 살려주면
모든 것이 순조롭다

남자는 체면을 지키기 위해서라면
무슨 일이라도 하며,
어떠한 수고도 마다하지 않는다!

사람마다 차이는 있겠지만, 여자들은 대체로 섬세하고 민감하다. 예를 들어 여자는 남자의 작은 일에도 관심을 보이며, 크고 작은 집안일에 이기심을 버리고 헌신한다. 그와 동시에 여자들은 어떤 면에서는 무심하다. 중요하지 않다고 생각하는 일은 과감하게 무시하고 신경 쓰지 않는다. 문제는 이런 일들이 하루 이틀 누적되면 남자의 체면에 상처를 입힐 수도 있다는 점이다.

예를 들어, 남편이 다른 사람들에게 하는 말에 오류가 있다. 이럴 때 당신이라면 어떻게 하겠는가? 또 당신의 남편은 항상 직장에서 인간관계가 좋다고 자랑했지만, 우연히 한 동료가 그를 험담하는 장면을 목격했다. 이때 당신은 어떻게 대처하겠는가?

이런 일을 마주했을 때 현명한 여자는 모르는 척한다. 그녀는 남자를 꿰뚫어 보지만, 그것을 입 밖으로 꺼내지는 않는다. 남자에게 체면이 얼마나 중요한지 알기에 일부러 모르는 척해서 체면을 지켜주는 것이다.

여자로서 당신은 남자의 언행이 실제와 다를 때, 그의 체면을 지켜줄 수 있는가? 남자의 체면이 중요하니 여자가 뜻을 굽히고 양보하라는 말이 아니다. 특정한 때와 상황에서 남자의 자존심에 상처를 입히지 말라는 말이다. 남자의 체면을 지켜주면 남자의 사회생활이 안정되는 것은 물론 가정의 화목도 지킬 수 있다. 남자는 체면을 잃으면 주로 크게 화를 내거나 아니면 아예 뻔뻔하게 나온다. 어느 쪽이든 가정의 평화에 도움이 되지 않는 것이다.

이와 관련해서 다음의 네 가지를 기억하자.

첫째, 당신의 친구들에게 농담일지라도 남편의 사생활에 대해 말하지 않는다. 나중에 친구들이 당신의 남편 앞에서 무심코 그 이야기를 꺼내는 순간, 당신의 남편은 체면이 깎였다고 생각할 것이다.

둘째, 다른 사람 앞에서 남편에게 잔소리를 하지 않는다. 남편의 친구나 동료 앞에서는 물론이고, 특히 자녀들 앞에서는 주의해야 한다. 서로 잘못을 지적하고 탓하면 부모로서의 위신이 서지 않게 된다.

셋째, 공공장소에서 남편의 언행을 트집 잡지 않는다. 남편의 생활 습관이나 에티켓에 문제가 있다면 사람들 앞에서 질책하지 말고, 조용히 그를 대신해서 문제를 해결한다.

넷째, 남편이 잘못했더라도 가능한 한 포용한다. 누구나 실수를 한다. 치명적인 문제가 아니라면 그냥 웃으면서 받아들여 남편의 체면을 지켜주어야 한다.

남자의 체면은 곧 그의 자존감이자 자신감이다. 그것을 아는 현명한 여자는 자기 남자의 체면을 지켜준다. 그러면 그 밖의 모든 것이 편해진다는 것을 아는 것이다.

참고문헌

진한리(金韓麗), 《여자의 우아한 삶을 위한 사교심리 수업》, 흑룡강과학기술출판사, 2012

왕쉬(王碩), 《당신에게 알려주지 않는 사교심리 전략》, 중국화보출판사, 2012

쯔진(子衿), 《사교심리를 아는 여자가 환영받는다》, 중국방직출판사, 2012

옮긴이 송은진

한국외국어대학교 중국어과를 졸업하고 동대학원에서 중국 정치학 석사 학위를 취득했다. 상하이 복단대학과 베이징 대외경제무역대학에서 수학했다. 책임질 수 있는 번역을 위해 모든 작품에 최선을 다하고 있다. 현재 중국어 통역가, 강사로 일하는 동시에 번역 에이전시 엔터스코리아에서 출판기획 및 중국어 전문 번역가로 활동하고 있다. 주요 역서로는 《하버드 마케팅 강의》《퇴근길 심리학 공부》《하버드 감정 수업》《이타경영》《하버드 협상 강의》《당신이 만나는 기적》《당신은 문제해결에 얼마나 탁월한가?》 등이 있다.

여자라면 심리학부터

초판 1쇄 발행 2020년 4월 13일
지은이 장루경
펴낸이 정덕식, 김재현
펴낸곳 (주)센시오

출판등록 2009년 10월 14일 제300-2009-126호
주소 서울특별시 마포구 성암로 189, 1711호
전화 02-734-0981
팩스 02-333-0081
메일 sensio0981@gmail.com

책임편집 고정란
편집 이미순
경영지원 김미라
홍보마케팅 이종문, 한동우
디자인 Design IF

ISBN 979-11-90356-36-7 03190

이 도서의 국립중앙도서관 출판예정도서목록(CIP)은 서지정보유통지원시스템 홈페이지(http://seoji.nl.go.kr)와
국가자료공동목록시스템(http://www.nl.go.kr/kolisnet)에서 이용하실 수 있습니다. (CIP제어번호 : CIP2020010494)

잘못된 책은 구입하신 곳에서 바꾸어드립니다.